Oos Ahweile Platt

**Mundart - Geschichten und Gedichte erzählt
von Margret Nischalke**

2. Erweiterte Auflage 2022
ISBN 9783756821365

Impressum:

© 2009 bei dem Verfasser Margret Nischalke, Ahrweiler
Gestaltung und Skizzen: Margret Nischalke, Fotos: privat

Herstellung und Verlag: BoD - Books on Demand, Norderstedt.

Titelbild: Obertor in Ahrweiler

Die Saach met dämm Platt

Dat es esu en Saach met dämm Ahweile Platt,
der ein kreit et net hin, on der andere net satt.
Füe Fremde es et schwea Platt schwätze ze liere,
dat kamme net flöck wie en Frembsprooch studiere.
Me kreit et als Kend at met en de Weech eren,
on och met de Mottemelech sauch me et en.

Als Pänz schwätzte me Platt beim Spill en de Jass,
die Sprooch woa jemütlech on mooch einem Spass.
De Jramattik hät me janz von selews jeliert,
"meng" Tant, "menge" Ohm, dat klingk net vekiert.
De meiste Endunge schnegg me einfach av,
dat schwätz sech joot, on me hätt et flöck jeraff.

Manch eine en de Fremb wönsch sech von Häzze,
könnt ech doch Ahweile Platt noch ens schwätze.
Em Platt kamme vell ous de Siil erous soon,
on jede der obpass, der kann et vestohn.
Vell behaupten, Platt wöa en Proletesprooch,
doch mir jefällt et, on ech jläuv Ööch och.

Oos Mottesprooch

Woröm wiet oos Mottesprooch nue esu vehons,
döütsch ze schwätze es doch werklech kein Kons.
Doch englesch ze kwatsche, dat fendt me höck "cool",
dobei klengk Wassekömpel vell schöne wie "Pool".
Joden Daach! Es dat net ene nette Jrooß?
ech weiß net wisu me höck "hi" saare moss.

E nett Vezällche es en super "Story",
on füe Enschuldijung, do sohn se "sorry".
Ous ene Vüestellung määt me en "Show"
on wemme sech wondert, dann säät me "wow".
"Okey", säät me och, dat es "mega in",
einfach jo ze sohn, dat es nemmie dren.

Statt: Atschüss, maach et joot, sohn se jetz "bye bye",
on "Softy", säät me höckzedaach füe e Weich-ei.
Ene düschtije Keal, dat es en "Superman"
on Verehrer von Stars, die nennt me "Fan".
Och en "Miss Germany" wiet jedes Johr jeküert,
Frollein Döütschland han ech dojäänt noch nie jehüet.

En nette Backfesch! Saat me, wie oos Sprooch noch heil,
höckzedaach es dat en "Teeny", super-affengeil.
On ene "Lover" han die Fraulöck höck,
fröhe komen se mem Kabäänes aanjeröck.
Mir hatten domols Pänz, doch höck han se "Kid´s",
mir songen Schlaare, on höck blääken se "Hit´s".

Mir sen fröhe met de Rollschohn jelaufe,
jetz john se dofüe "Inlinescater" kaufe.
Mem "Mountain-Bike"on "City-Chopper" fahren se höck,
mir sen fröhe mem Fahrad dorch de Jäjend jejöck.

E "Handy" es e Telefon füe en de Botzetösch
on "Citycall" säät me jetz füe e Ortsjesprääch
On "Power Action" es höck aanjesaat,
mir han met Schmackes jet ob de Bein jebraat.
Se maachen och "Teamwork", wesste wat dat bedöck?
Wat eine schaffe könnt, maachem die met drei Löck.

Höck wiet och vell Wert ob e doll "Outfit" jelaat,
en fröjere Zeit, do wue sech staats jemaat.
On se schwärmen für "Piercing" on droon de Reng,
an Nas, Schnüss on Kinn on och sons wo eröm.
Em "Hair-Shop" kreit me "gestylt" seng Frisur,
me könnt meine, se wöaren nemmie janz pur.

"After Shave", dat es net füe de Po enzeschmiere,
dat brouchen de Mannslöck, füe no em rasiere.
On "Wellness" kreit me jetz üwweall jebodde,
fröje wue em Kneipbecke Wasse jetrodde.
Höck doon se och "relaxen", anstatt sech ze räste,
se feijern "Big Feeten", anstatt schöne Feste.

Se john och zo nem "Date", wenn se e Treffe han,
wat es dat doch schlemm wemme kein Döütsch mie kann.
Höckzedaach sen se "happy", mir han oos jefraut,
doch happy sen es "in", on sech freuje es "out".
Wat hät dat Anjeberjefasel nue füe ene Sinn?
En oose Sprooch leit esuvell Jemütlechkeit dren.
Mir wolle kein Englesch, der Quatsch semme satt.
mir schwätzen döütsch, ode me schwaaden Platt.

Vezällche öm oos Heimatsprooch

Em Uelaub hatte me en Famillisch ous Jugoslawie kenne jeliet. Et woaren nette Löck, on se hatten e paa leew Puute, em selewe Alte wie de oos. Se sproochen joot Döütsch on me han oos manechmol ondehaale, üwwe Land on Löck, üwwe Wedde, Wend on Meer, ode üwwe de Pänz. Ech hamme arch vill Möh jejänn e rein Hudöütsch ze schwätze, dat die Löck mech och vestonne.
Einmol hamme och zesamme am Strand jeläje on denne Qwöhs zojekick, wie se em Sand eröm ballischten on sech jäjenseidesch met Wasse bejutschten. Do säät die Frau füe mech; "Erzählen sie doch noch was, ich höre so gern wenn sie sprechen. Das hört sich genauso an wie im Millowitschtheater." Do woß ech, dat et met mengem Huhdöütsch net weit her woa.

Meng Schwäjerin, e Määdsche ous de Röhn, woa et ieschtemol ze Besuch en Ahweile. Se woll jean de Heimat on de Vewandtschaff von ihrem Zoköneftije kenne liere. Owends hamme all jemütlech zesamme jesääße on e Jläsje Weng jepetsch. Von mengem älste Brode woaren noch e paa Kolleje do. Me han jätt eröm palaawert on jeklöönt. Et wue net et alledeckste Platt jeschwätz, äwwe halt ahweileresch, esu wie oos de Schnabel jewaaße woa.
Meng Schwäjerin huet interesiet zo, äwwe jedesmol wemme laache dääte, kick se jätt velääje dren. Schließlech säät se füe die Kolleje: "Ich kann ihren Dialekt nicht gut verstehn." Do meint eine von der Männ: "Wisu, mir schwätzen doch Huhdeutsch."

En Kusien von mir hat met ihrem Kabäänes en Ahtuur jemaat. Von Imm woa noch ene Broode dobei, su ze saare als Aanstandswauwau. Natüelech han se oos ob die Tuur och besook.

Die zwei Jonge woaren wöschechte Wesfale on, wie me esu säät, ene janz andere Schlaach wie mir he an de Ah.
Och die Sprooch von dänne, dat woa kein Platt, dat woa füe oos en richtech Frembsprooch.
Äwwe dänne jing et met oose Heimatsprooch och net bässe, on wänn mir ens e paa Knubbele Platt kalle dääte, vestonne die zwei nue Bahnhoff. On dann wue jedollmätsch. Ech vezool inne, dat he an de Ah jedes Dorf seng eije Platt hät on dat se en Deane, jrad drei Öatche weide, füe et i, o sohn.
Dat hüet sech dann esu aan: "Et oss jewoss, dat Moss Dross oss." Do wollten die zwei natüelech wesse wat dat heiss, on ech han vedöütsch: "Es ist gewiss, daß Mist Dress ist." Do frööch eine von dänne: "Was ist denn Dress?" Ech säät: "Ob joot Döütsch, Scheiße." On dat han se dereck vestanne.

Et Lautesch Chrestin woa e äsch Ahweile Jewächs, on saat jedem schnackuhresch de Meinung. No em Kreech hat et ens an de Freibank aanjestanne. Et jov Fleisch ouße de Reih. Dat hat sech natüelech flöck eröm jeschwätz, on die Schlang füe de Freibank wue emme länge. Dat Chrestin hat at en Weil do jestanne, do kütt esu e vüenehm Dämche on däät sech vüedrängele. Do platz demm Chrestin de Krare on et fing aan ze schenne: "Dou huuseckesch Dier, he wiet sech net vüejedrängk, dou bes och net mie wie die andere"! Do schnapp dat Dämche no Luff on saat janz empöat:
"Nein, hochsickiges Tier, das hat aber noch niemand zu mir gesagt".

Ous dea joot aal Zeit

Ob de Bourehuchzeit anno 1800
Uroma zur Urenkelin

Bahl 70 Johr es et her, do woa ech de Braut,
domols wue ech Dengem Urjrußvatte aanjetrout.

Mir han och jefeiert, jenau esu wie Ihr höck,
bei enem jode Esse on enem Haufe Löck.

Me han jedanz on jesonge on oos jefraut.
De Musick hät jespillt on me woaren rääch lout.

Bes en de Naach hamme zesamme jesässe.
Doch wat dann noch woa, dat han ech vejässe -.

Och nää, ech weiß et widde on well et ööch soon,
Denge Uropa hät mech en et Brautzemme jedroon.

Doch wie en der Schlofstuvv dann et Lich aanjing,
om Kleideschrank e jröülech Jeschraatel aanfing.

en Kess met jong Ente doten se do deponiere,
die sollten oos en de Huchzeitsnaach stüere.

Do hamme ze iesch die Kess erous jeschmesse.
Äwwe, do woa noch jätt, dat han ech jetz vejässe.

Ach su, ech looch jrad joot bei Dengem Uropa em Arm,
do üwwefeel oos ene janze Schnokeschwarm.

Die Bieste summten oos öm de Kopp eröm,
me mooten widde erous, dat hat esu keine Sinn.

8

Dann wueren Schnoke jejaach, dat jing janet flott,
weil me sech emme en die lang Naachspunnijele trott.

zweionzwanzisch Stäächmöcke hamme jefange,
dat wöa och sons bestimmp net jotjejange.

Die hätten oos üwwe Naach objefrässe.
Äwwe, do woa noch jätt, - - - - - - - - - - -.

Och jo Kend, dat woll ech De och noch saare:
"Doon dech met Dengem Mann emme joot vedraare.

Doon imm jede Wunsch von de Aure avläse,
denn Er es de Här em Hous, dat solls de wesse.

On helef Imm och fleißesch em Stall on om Feld,
met demm wat me selevs schaff, spaat me vell Jeld.

Haal Hous on Hoff saube on melek de Jaiß,
on dat de och öandlech on jean alles dais.

Deng Eheflicht doon erjeben on jedöllesch erfülle,
wenn jedes Johr e Kindche kütt, es dat Joddes Welle.

Bes Dengem Jemahl emme in Ehrbarkeit untertan,
jenau esu, wie ech fröhe mengem siileje Mann.

On jit et en Denge Eh ens nöüs ze laache,
moß De liere, en Fouss en de Tösch ze maache.

Demut, Jehorsam on Züchtichkeit, merk De jenau,
dat sen de schönste Turende von jede Frau."

On nou noch zo dir, leewe Bräutijam.
"Näff dech denge Frau emme ritterlech an.

Bes Stütz on Schutz füe se en Nuut on Sorje,
dat se sech bei dir och emme föhlt jeborje.

On doon deng Frau janz behotsam obkläare,
me moss jo net alles am ieschte Daach liere.

On wenn de Fredde han wells, dann loss de sohn,
hööt dech zeitlewwens dovüe deng Frau ze schlohn.

Du solls se jean han on och ihre on aachte,
dann brouchs de de füe deng Eh kein Sorch ze maache."

Jaa, - leev Brautpaa, meng Zeit leit jetz at weit zeröck,
doch ööch Zwei wönschen ech von Hezze vell, vell Jlöck".

Menge ieschte Tauchvesuch

Esch woa noch esu e klein Buselche von Vieronehalef. Mir
wunnten domols en enem jruse Hous, on henisch em Hous woa
ene noch jrüßere Jaade. On en dem Jaade, do woa e Basäng. Dat
woa net jruß on och net deef, äwwe do woaren emme
Wassespenne drop, on die Dierche hatten et me aanjedohn.
Mir Kende dooschten net allein en de Jaade john. De Mama hat
emme Angs me dääten eröm balije on ihr dorch de Spruute
(Rosenkohl) on de Schafue talepe. Äwwe manechmol, wenn de
Mama e paa Öllisch, jätt Schloht ode Pittezillisch holle woll, ode
e paa Flätte (Nelken) ode Stockvijule (Goldlack) plöcke jingk,
dann doosch ech metjohn. Nue aan de Wassekömpel doosch ech
net.
Äwwe eimol, an enem schöne Sonndaachmorje, sen ech janz
einfach ousjebüchs. Ech han ens füesechtech an de Düe erous
jespings ov de Luff rein woa, on sen dann schnurstracks de Paad

eraff jeschröömb, bes aan et Basäng. On do danzten die Wassespenne monte em Sonnescheng.

Ech han mech janz noh aan de Rand jehutsch on e Weilche zojekick. Dat die net ondejingke met ihre lange düene Beinche. Üwweall wo se hinhöpten jow et klein Kringele ob em Wasse, on die wueren dann emme jrüße.- Ov me die Dierche och fange konnt? Ech han mech janz weit üwwe de Rand jebück. Äwwe meng Ärmche woaren ze kuet. Jetz kom eint janz noh. Nue e klein bitzje moot ech mech noch recke.

Doch hölep, ech krääch et Üwwejewiesch, on kladderadaatsch looch ech en de Bröh. Baa! Woa dat kalt. On alles esu döüste on drööf. Ech woll schreie, äwwe dat jingk net. Et Wasse drong me en de Hals, Nas on Uere, dat ech meint de Kopp däät me baschte. Ech konnt nue noch schlucke, schlucke, schlucke. Met Ärmche on Beinche han ech wie weld öm mech jeschloon on jezabbelt on eröm jetööp. Do fohlt ech plötzlech et Treppche onesch me, on do sen ech dann ob alle Viere erop jekrabbelt.

Ze iesch konnt ech nue hoste on jappe. Wie ech dann widde zemlich beienade woa, han ech mech ens von owweneraff bekick. Meng schön weiß Sonnichskleidche sohch schroh ous, puddelnaas on jrau. Die schöne Wolängche woaren janz schnack on aan de Beinche jekletsch. Ech woll se avzubbele, äwwe wenn ech e Schrittche jing, hatten se sech at widde vefraidelt, on et Wasse qwatsch me beim john ous de Schohn erous. Et woa alles esu fies on esu öselech. Do han ech e Stückelche füe mech hin jeknaatsch, on sen janz bedröppelt noh em Hous zeröck jedötz.

Aan de Düe kom me menge älste Brode entjäje. Der reef janz vedutz: "Wo küss dou dann her? Wer hät dech dann jezopp?" Ech säät janz jöözisch: "Ech sen naaß." Do jrens der ens dräckesch on meint: "Dat seiht me, maach net esu e löömeßisch Jesiech on sech zo dat de erop küss, de Mama söök dech at üwweall. Die freut sech bestimmp, wenn se dech seiht". Do han ech en Schnuut jezohre on sen janz langsam de Trapp erop jeschluff. Äwwe de Mama hät sech janet jefraut. Jeschannt hät se, on zo allem Üwwefluß hät se me onnoch de Fodt jekletsch.

11

Dann hät se me die naaße Pluute ousjedoon, mech avjedrüsch, ene Punijel üwwejeströpp on en et Bett jestopp, dat ech widde warm wue. Ech han noch e bitzje füe mech hinjebautz on jeschnaddert on sen dann enjenupp. Wie ech ousjeschlofe hatt, hät de Mama me noch ens öantlech de Wurm jesäänt, on ech moot ihr huh on heilich vesprääche, nie mie aan der Kömpel ze john. On dat han ech och jehaale. Ech han johrelang ene jruse Boore öm et Wasse jemaat, esujar öm de Sood ob de Strooß.

Wo kunn die Uuste-eie her ?

Wat woa dat fröje emme ene Spass, wenn mir Pänz am Uustemorje en de Jaade rannten füe Uusteeie ze sööke. Fahrääde, Roller on Inline-Skates hät de Uustehas domols nonet braach. Äwwe mir han oos noch üwwe schöne bonte Uusteeie on jätt Zuckezöüsch jefraut.

Am Uustemorje waate me voll Onjedold, dat de Mama endlech et Körvje hollt on met oos en de Jaade jingk. Mir Pänz rannten at vüe, weil jede et ieschte Uusteei fenne woll. Manchmol loochen at e paa langks de Wääch zweschen em Krohbes on dann op de Wiss em Jras on hennesch de Obsbäum. Zweschen de Johannesdrouwe hatt de Uustehas meistens et Nessje met Schuklade- on Zuckeeie on Kamelle vestoche, on hennesch de Krüüncheleströnk stond noch ene Schuklade Uustehas. Dat woa emme e Hallotria on e Jeschrei, dat de halef Nopeschaff aan de Ramm spingkse kom.

Wemme alles enjesammelt hatten jinge me eren kaffedrenke. Jede krooch e Uusteei füe ob de Botteram. Der Schukladehas wue ob de Köcheschrank jestallt, der wue iesch noh Ustere, wenn dat andere Zuckezöüch all woa, jeschlaach on onnesch oos vier Pänz objedeilt.

Oose Pete, e woa domols aach Johr alt, woll nemmie esu richtech aan de Ustehaas jläuwe. Er soß am Desch, piddelt aan sengem Ei eröm on simeliert esu füe sech hin. Ob eimol saate: "Dat es me doch zo domm, dat ene Haas Eie brenge soll. Mama, häs dou die Eie vestoche?" "Enää", saat de Mama, "ech sen doch höck Morje iesch met ööch erouß jejange." "Häs de se dann jeste Owend at vestoche"? "Enää, dann wöa doch alles naaß on de Zuckeeiche wöaren jeschmolze, et hät doch jeste bes en de Naach eren jetrötsch". Dat menge älste Brode se morjens fröh vestoche hatt, konnt de Mama net joot saare, weil mir jöngere Jeschwiste noch dobei woaren. Do üwwelaach de Pete on meint schließlech: "Äwwe ech kreien et doch erous. Wenn ech ens jruuß sen, vebeeden ech menge Frau Eie ze färwe on ze vestääsche, on dann sehn ech et jo."

Die Finstescheiv

Esu kurrios dat Jeschichje och klenge maach, et es werklech wohr on es me selevs pasiert.   Ech woa domols noch ene kleine Dotz von aach Johr. Meng Mama hat Jebuezdaach, on me hatten ene Desch voll Besuch. Mir woa et noh em Kaffe langweilech. Ech hat de Möpp noch länge dänne Tante ihr Jeschraatels aanzehüere. Do han ech me einfach meng Bänkelche jehollt on sen domet an et Finste jezohre. Ech woll ens kicke, wat de Nopeschkende onne em Hoff moochen. Dobei konnt ech emme noch de Uere noh henne spetze, öm he on do noch jätt obzeschnappe.
Ech dout meng Ärmche on meng Nas fass jäjen de Jlasscheiw öm besse ous dem Mansardefinste üwwe de Daachkall kicke ze könne. Do jow et ene Ruck, on die Finstescheiw feel ous em Rahme on rötsch et Daach eraff. Ech sohch noch jrad wie se üwwe de Daachkall de Jick schlooch, on fott woa se. Owai-! Mir sack et Hezz en de Botz vür Schreck. Ov die Scheiw kapott woa -? Schäppere hat ech nöüs jehuet. Ov ech jetz Schrüpp krooch -? Wat sollt ech bloß maache. Wenn de Bapa wenestens do wöa.

Äwwe der woa em Kreech on konnt se net flecke, on kaufe konnt me och nöüs. Do sen ech janz höösch an de Desch zeröck jeschleche on han ens jeschluck.- Do meint meng Motte: "Wat häss de, Kend, Es de en Lous üwwe de Läwwe jekroche?" Ech han jätt eröm jetöttelt, do säät se janz enerjisch: "Nou erous met de Sprooch, on jööz net esu eröm". "Mir es de Finstescheiw eraff jefalle", han ech schließlech erousjedruks, "äwwe ech jläuw die es net kapott." Do fingen die all aan ze laache,   on de Mama meint: "Ei, dann jangk se doch holle."

Do woa ech heilfruh dat ech net dereck e paa jetachtelt krooch, on sen janz flöck de Trapp eraff jekaasch. Wie ech aan de Housdüe erous kom, stond do meng Finstescheiw hukannt jäänt de Houswand jelehnt em Jras. Se hat noch net ens en Basch. Mir feel ene Stein vom Hezz. Ech hamme die Scheiw objeraaf on onesch de Arm jeklämmp on sen widde de Trapp eropp. Doch wie ech janz stolz mem strahlende Jesiech on der Finstescheif onesch em Arm, en de Zemmedüe stond on die all esu aan ze schreie finge, do vestond ech de Welt nemmie.

Die han esu jejröölt on jekraitsch, dat de Wänn jewaggelt han on ech Angs hatt, die andere Scheiwe flöchten och noch eraff.

P.S. Menge älste Brode , de Richard, domols 16 Johr alt, hät die Finstescheiv widde enjekitt.

14

Et Famillijebad

Wat woa dat esu schön en der joot aal Zeit,
wie hät me sech samsdaachs ob et Bade jefreut.
Et wue ene richtije Kult bedrewwe.
De Reinlechkeit wue emme at jruuß jeschrewwe.
Am Spätnommendaach kom de Bapa at aan,
schlepp die schwer Zinkbütt ous de Wöschköch eraan.
De Head wue jestoch met Holz on Kolle,
em Hoff an de Pomp moot me et Wasse holle.
Eimerweis wue et en de Köch jeschläpp
on om Head et Wassescheff volljeschäpp.

Dann wue der jruuse Zuppepott voll jemaat.
on etletz och noch de Enkochapperaat.
Woa et Wasse heiß, däät me de Bütt obstelle,
on die dann joot halef met Wasse fölle.
Ze iesch komen de Puute an de Reih,
ob et Föüe kom noch Holz on jätt Klütte debei.
Die Kwöös zänkten sech, wer ze iesch draan es,
on de Jöngste hät stekum en et Wasse jepiss.
Nohenande wösch de Mamm se met Keanseif av,
en Jutsch Wasse üwwe de Kopp, dann woa et jeschaff.

Flöck avjedrüsch on de Naachspunijel aan,
on ab ob de Bank, jetz woaren die Aale draan.
Die Pänz spillten noch jätt "Mensch ärje dech nich",
bes endlech et Owendääße kom ob de Desch.
Vüe de Bütt wue dann e jruuß Bettoch jehange,
dat die Kwöös nöüs sohchen, sons moot me sech schamme,
wemme puddelrüh en et Wasse däät steije.
Su konnt me sech doch füe de Pänz net zeije.
Ze iesch däät de Mama sech jröndlech bade,
die andere mooten jedöllesch waade.

15

Dann hät de Bapp sech en de Bütt jemaat,
de Mamm schrupp imm de Röck, do jing av en jot Schwaat.
se däät imm och noch en Schäpp heiß Wasse debei,
wat woa dat wohlech, de Bapp fohlt sech wie nöü.
Och de Oma hat sech at ob et Bade jefreut,
denn sie heelt besondesch vell von de Saubekeit.
Doch iesch nohm se de Schöümlöffel ous em Schaaf
on schäpp domet de Schmutt vom Badewasse av.
Dann däät se sech zefredde em Wasse aale,
on manchmol sujaa e klein Nüppche haale.

Zeletz jing de Opa noch en de Bütt eren,
de Oma seif imm öandlech de Röcke en.
Se däät en massiere on düschtesch reiwe,
dat die aal Knoche noch jätt jangkesch bleiwe.
Derweil hät de Opa senge Baat enjeweich,
dea woa all met Zupp on met Zauß bemeusch,
er däät en wösche, bes der Kneutsch all erous,
dann holef de Bapa imm ous de Bütt erous.
Avjedrüsch, aanjedoon, de Baat jestriejelt,
on de Opa woa staats, wie frisch jeschniejelt.

Dann wue et Badewasse ousjeschäpp,
Domet wue noch jebotz, de Köch on de Träpp.
Mem Räss däät de Bapp noch de Kappes jeeße,
De Mamm sorch dowennesch füeret Owendäässe.
Et jov Kakau, on Weck met Rööpekrout drop,
De Oma hät de Weck em Kakau jezopp.
De Opa däät jemächlech ob de Bäldere käue
on sech am Appetit von de Enkelche freue,
die han jemöffelt on jeschmatz on jeschläck,
on zom Schluss jedes Jrömmelche objeläck.
Nou wue noch e Jesetz vom Ruusekranz jebett,
donoh jingen de Pänz fein aadech enet Bett.

Dann soß me noch zesamme on hät jätt jeschwaad,
on de Bap hät noch ene Housdronk objemaat.
Me däät jenößlech noch eine drenke,
füe de Fraulöck däät no jätt Arbeit wenke.
De Oma däät Strömp stoppe, odde Socke strecke,
de Mamm däät von de Pänz de Pluute flecke.
An Botze on Wööbche de Knöpp aannähe,
ode an de Hempche de Kräjelche drähe
on de Opa rääkelt sech em Schaukelstohl,
er schmauch seng Peifje on fohlt sech richtech wohl.

Hatt de Naach dann allmäälech aanjefange,
es eine nohm andere schlofe jejange,
De Mam däät noch flöck de Jläse ömspööle,
on Klütte ob de Jloht on de Ösch dorechwöhle.
De Opa laach de Peif ob et Schaaf on schluff av,
on och de Oma woa schließlech janz schön jeschaff.
Se kroch onesch et Plümo, blees de Ööllamp ous,
on Fredde on Freud looch üwwerem janze Hous.
On jede dräumb siilech em Schlof vüe sech her:
"Wöa dat schön, wenn morje widde Samsdaach wöa".

De Mama ihr jruuß Wösch

Wenn de Mama fröhe saat: "Morje han ech jruuß Wösch", dann
woßte mir Pänz,dat me oos net esu vell ze zänke, on dofüe jätt
mie ze helefe hatten.
De jruuß Wösch fing at nommendaachs vüeher aan. Dann jing de
Mama en de Wöschköch on däät de Wösch sortiere. De
Kochwösch, dat woa Desch-on Bettwösch, weiße Handdööche,
lenge Ondewösch on Naakshemde, die däät se en ene Bütt met
Soda enweiche. Dann leet de Mama der jruuse Wöschkessel voll
Wasse laufe, on mooch et Föüe dronnesch aan. Jäänt Owend wenn
et Wasse warm wue däät se Persil drenn oblüüse. Dann däät de

Mama de weiß Wösch ousem Enweichwasse erous vrenge (Schleudere jov et jo noch kein) on en de Wöschkessel erenn. Met enem lange Holzlöffel däät se dann alles joot endöüe on jleichmäßech vedeile. En et Enweichwasse kom dann et helle Bont. De Mama jing dann wennesch em Owend noch e paamol eraff en de Wöschköch füe ze stoche on Holz on Kolle nohzelääje, on füe de Wösch noch enz ömzerühre. Zelätz komen noch e paa Klütte ob et Föüe, on de Wösch wue noch ens joot enjestomp. Dann kom de Deckel drop, on esu konnt se üwwe Naach langsam aan et Koche kunn.

Morjens stond de Mama at en alle Herrjottsfröh ob on leef en de Wöschkösch. Se däät dann die kochendheiße Wösch met demm lange Holzlöffel en Zeitlang hin on her schwenke on emme widde joot enstompe. De janz Wöschkösch woa dann eine Schwadem, dat me koum de Hand vüe de Aure sehn konnt. Schließlech däät de Mama die jruuse Deil Stöck füe Stöck ob der lange Holzlöffel obweckele, jätt avdröpse losse on en de Wöschemann widde avweckele. Dann leet de Mama de Wöschkessel leddesch laufe. Die heiße Wöschbröh fing se met Eimere ob on schott se en en jruuß zinke Wöschbütt. Die hat se vüeher ob ene Holzbock jestallt, dat se sech net esu deef ze böcke broucht. Dodrenn wueren dann de Handdööche on Leivwösch noch om Wöschbrett met de Wuezelbüesch jeschrupp. En de Wöschkessel leet de Mama fresch Wasse enlaufe füe de Ress Jloot noch ouszenötze, dann konnt dat noch jätt warm weare füe Ouswöschwasse.

Wenn mir Pänz dann feadesch on en de Scholl woaren, däät de Mama die Wöschmann met de Bett-on Deschwösch ob de Dameschone on fuhr domet, wie all Löck die ob de Schötzbahn wunnten, aan de Deich, füe de Wösch ouszewösche. Dat woa natüelech owwehalev von der Höüsje aan de Stadtmoue die keine Klo hatten, on wo de Kammepott met de Bunzele en de Deich jekipp wue. Am Deich woaren fröhe Treppche von wo me joot aan et Wasse kom. Do däät de Mama de Wösch dann joot zoppe on schwenke on anschließend deheim hennesch em Hous ob de Wiss ousbreide füe ze bleiche.

Die Löck die kein Wiss beim Hous hatte, fuhren ihr Wösch ob de Ahbleich. Dat woa en jruuß Wiss hennesch de Ahbröck, do wo jetz de Cämpingplatz es. Do wue die Bett-on Deschwösch sorchfäldesch ob de Wiss ousjebreit on konnt dann en de Sonn bleiche. Ab on zo moot se jedräht on jejosse weare, dat se emme naaß blev on von beids Seite schön weiß wue. Füe ze jeeße wue et Wasse met ene schwer zinke Jeeßkann am Deich jehollt. Domols woa jo noch der Deich langs de Bröckestroß, der von de Laiwoch no em Schwimmbad jing. Manch Löck blevten de janze Daach ob de Bleich on satzten sech do ob en Bank. Füe ze ääße braachten se sech e paa Botteramme on ene Pott Mukefuck met, ode se leeten sech medaachs e Henkelmännche met Zupp brenge. Andere dääten sech mem Jeeße, Wende on Obpasse avweaßele. Et woaren jo meistens mie Famillije die ihr Wösch ob de Bleich hatten. On dobei wue natüelech och manch Klääfje jehaale. Besondesch wenn schön Paradebezüsch met Spetze on Steckerei ob de Bleich loren, ode wenn vell Wösch von de Hotels do woa, ode manchmol loochen och lenge Naakspunnijele ode Schladdebotze met Hohlsaum on jehäkelte Spetzje do, dann joov et doch emme at ens jätt ze schwaade. Am fröhe Nommendaach dääten de Löck ihr Wösch noch ens joot em Deich ousschwenke on widde ousbreide, dann woa die bes owends büjjeldrüsch.

Wenn de Mama morjens de Bettwösch hennesch em Hous ob de Wiss leije hat, joov se sech aan die ande Wösch. De Wöschbröh woa enzweschen esu vell avjeköhlt, dat se de bont Wösch on de dreckije Pluute von oos Pänz erenn doon konnt. Dat konnt dann zeeje bes de Handdööche on de Leivwösch ousjewösche woa on ob de Läuv hing. Dann wue dat bonte Zöüsch Deil füe Deil dorech de Hänn jewösche ode üwwe et Rubbelbrett jerubbelt. Wat extra dreckesch woa, wie Hembskrare on Bündche wue met de Wöschbüesch om Wöschbrett jeschrupp.

Zweschendorech däät de Mama et Ääße maache. Am Wöschdaach joov et meistens deck Zupp vom Daach vüeher objewärmp, dat jing flöck on et schmook joot. Noh em Ääße däät de Mama de Arme om Desch kröüze, de Kopp droplāje, on dann e klein Nüppche haale. Äwwe nue zehn Minutte, dann schröömb se widde en de Wöschkösch. Meng Bröde mooten spööle on de Köch obröüme, on dann ob de Wiss de Wösch noch ens joot jeeße on wende. Mech nohm de Mama met en de Wöschkösch, dat ech owwen ous de Fööß woa. Wenn de bont Wösch ob de Läuv hing, komen noch de Arbeitsklamotte, de donkele Sackdööche on de Strömp draan. De Arbeitsbotze on Schüeze on och die dreckesch Rotzfahne wueren och met de Wuezelbüesch jeschrupp. Bei de Strömp doosch ech emme helefe. De Mama nick me dann zo on meint: "Ze zweit flupp et besse". Se reww dann all Strömp dorech de Hänn on hing se üwwe de Büdderand. Ech han se all noh lenks jedräht, on de Mama hät se dann noch ens dorechjewösche.

Manchmol däät de Mama sech von de Wöschbütt obrecke. on sech de Handröcke en et Kröüz steipe, odde se botz sech met de Maue e paa Schweißdröppelche von de Stien.

Wenn dat Arbeitszöüsch on de Strömp ousjewösche on joot ousjevronge woa, wue dat och noch objehange. Ech doosch de Mama dann emme e Wöschedeil on zwei Klammere aanräcke. Wemme domet feadesch woaren, wue de Wöschköch noch jefääsch. De Wöschkessel wue ousjeschwenk on ousjebotz, de Feuerung saube jemaat on et Öscheschoss ousjeschott. Die schwer Büdde wueren ousjeschwenk on aan de Wand aan e paa jruuse Krampe objehange, on mem Räss Bröh däät de Mama noch de Boddem schruppe on kloa nohschwenke.

Noh em Kreech, wie me kein Wöschpolewe mie kaufe konnt, han vell Löck met Holzösch jewösche. Dofüe wue ene Lengeböggel voll Holzösch jemaat, fass zojebonne on joot ousjekoch. Dat joov dann en richtech schön flutschech Bröh, on de Wösch wue saube domet. Se wue zwaa jätt jrau, äwwe de Flecke jingen erous, on se hät och nemmie jemöff.

Höck bedenk koum noch eine, wat os Mötte domols am Wöschdaach füe en Schwersarbeit jeleiss han. Doch manchmol, wenn ech meng Wösch ous de Wöschmaschin erous holle on en de Trockenmaschin erenn stoppe, john meng Jedanke zeröck bei de Mama on ihr jruuß Wösch.

Oos Kendeparadies

Me wunnten als Kende ob de Schötzbahn em Blankenheime Hoff, och Massons Hous jenannt. En oose Nopeschaff wunnten en Haufe Pänz. Wemme metaachs de Aufjabe jemaat hatten, jing et erous ob de Strohß spille, denn do woa emme jät loss. Me konnt noh Herzensloss Reife schlohn, Dopp schmecke, Rollschohn laufe ode Fooßball spille. Autos jov et domols en Ahweile koum zehn Stöck, on me broucht kein Angs ze han, einem ze bejähne. De Strohs woa füe ze Spillle do.

Füe Reife ze schlohn hatte me aal Blechfelje on en Stock füe aanzedreiwe on ze lenke, on dann wueren Wettrenne jemaat. Füe Dopp ze schmecke hatte me ene kleine Holzkreisel met enem Narel dronnesch, datte sech joot dräht. De Schmeck bestond ous enem Stock met ene Koad am End. Domet wue der Dilledopp üwwe de Strohß jeschmeck. Die Jonge hatten füe Fooßball ze spille off ene selefs jebastelte Ball. Dofüe wue e Stöck Packpapier zo ene Kurrel zesammejeknöllt on dann breid Jummiring, die me ous enem aale Fahradschlauch jeschnedde han, drömeröm jefreidelt. Die Bäll woaren klein, schwer on hatt, on me moht obpasse, datt me keine vüe de Däätz krooch, sons hatt me en Dotz am Kopp.

Öm dat Dreieck Schötzbahn, Ob de Rausch on ob em Deisch, hamme off "Eckekicke" jespillt, dat woa e Nohlaufespill. Die Jonge spillten och jean Räube on Schanditz.

Dojäänt woa Höppehöüsje bei oos Mädche belieb. Die Höüsje molte me met Greid ob de Strohß. Dann wue beim Höppe ene flache Stein von einem Höüsje en et andere jeschups, on me moot obpasse dat der Stein net ob enem Strich leie blew, denn dann woa me ous. Die Greid dofüe hollte me oos am Greideberch, dat woa en Tonschich am Bahndamm en de Nöh von de Addemesch.

Ob de Rausch konnt me joot Mü spille, die woa domols noch net asphaltiert on me konnt jot mem Absatz Müköülche drähe. Die Mü, dat woaren kleine bonte Tonkleckere, wueren en die Müköülche jespillt on met enem decke Bom ous Stohl widde erous jetitsch. Die et am beste konnte, hatten noher ihr Müsäckelche voll, on manchmol jing och e Kend höülend mem leddije Säckelche heim.

Off hamme och mem Spinettche jespillt. Dat Spinettche woa e 20 cmm lang Stöckelche, wat an beits Seite aanjespetz wue. Met enem Stock schlooch me ob die Spetz, dat Spinettche sprong huh, on me schlooch et met demm Stock müjelechs weit weg. Die Entfernung wue met Schritt jemesse, on wer am weitste kunn woar, der hatt jwwonne.

Füe oos Mädche jov et noch die Singspillche, wie "Daale, Daale du moß wandere". Dobei soße me newischenande om Möüeche on der Daale, e klein flach Steinche, jing von Hand ze Hand, on eine moot rode wer der Daale hat.

Och Schornsteinfeje jing spaziere hamme jean jespillt. Dobei wue dat Mädche wat der Schornsteinfeje entführt hat zom Schluß mem Schornsteinfeje veheirot.

Dann woa do noch dat Dreieck vüe oosem Hoff, wo de Schötzbahn on de Rausch zesamme laufe. Do hamme drop jespillt,"ech sen ob dengem Daale". Dat Dreieck woa de Daale, on eine von oos Pänz woa de Här vom Daale on moot en bewaache. Mir andere leefen kröüz on qwer drüwwe on reefen, "ech sen ob dengem Daale on kannet net bezahle", on de Här vom Daale moot sehn datte eine jefange krooch der en avlüüse däät.

Manchmol jingen die jrüßere Mädche och mem Kendeware spaziere on dääten e Kindche ous de Nopeschaff veware, dann schörreschten meistens noch e paa klein Puute mem Poppeware neweschher. Oos schön Spillstrohß woa einfach e herrlich Kendeparadies.

En de Nopeschhöff hamme off vestecke jespillt, odde me han beim Stellmache Jrahfors zojekick. Der hat de Werkstattdüe emme obstohn on me konnten zokicke wie die jruuse Leideware, de Dameschone, Döükaare ode Wareräder ous Holz jemaat wueren. Och jäntüwwe en de Schmitt Winne jov et emme jät ze kicke. Do wueren dann die Wareräde met Eisereife beschlohn on met Achse vesehn.

Och wenn Pead on Oaße de Hufe beschlohn krooche, woa füe oos Pänz emme intrisant. Die bockije Moulesele komen dobei in ene Zwinge, dat se beim beschlohn net dorchjinge. Ob de Schötzbahn jov et kein Hönn, äwwe vell Katze, on en de Höff jov et üwweall Ställ met Kneng on Höhne. Et wueren Jeiße jehaale on he on do woa och en Sou em Stall. Off leefen de Höhne ob de Strohß eröm on manche leeten sech esujaa streichele. Em Fröhjohr höppten klein Limmesje ob de Strohs, on die klein Pänz konnten met inne spille.

Domols hatten die Housdier noch kein Name, se deenten ledichlich als Nahrung.Se läächten Eie, joven Melech ode wueren jeschlaach.

Füe de Housschlachtunge kom de Jostens Clemenz von Walebeze. Ene jruuse Schäfehond zoch senge Leideware met der janze Utensilie die e füe ze schlaachte broucht. Mir Pänz wueren vom Clemenz magisch aanjezohre, denn der hat emme e paa urkomische Vezällche ob Laare. Wemme demm jejläuf hätte wat er alles en de Wuesch däät, hätte me ze Lebbesdaachs kein Wuesch mie jejesse.

Dann kom de 29. Januar 45 on der schwere Bombeanjriff, on von eine Minut ob die ande woa oos schön Spillstrohß nue noch en wöös Trömmelandschaff.

Elf Kende mohten ihr jong Lewwe losse, on oos herrlech Kendeparadies woa nue noch ene feane schöne Draum:

Ene schwazze Daach

Der Daach,- et woa de 29. Januar 1945,- fing aan wie ene janz normale Daach. Drouße woa et öselech kalt. Et looch noch jätt Schnii, on de Luff woa drööv on voll Jeschneffels. Morjens fröh es oose Pitte ob de Arbeit, der woa en de Liehr, on ech sen met de Mama en de Kerch jejange füe de Bappa bädde, datte widde heil ous em Kreech zeröck köm. Oose Heinz woa Deheim blev, on de Richard woa och noch do. Der hatt, nohdemm de Arbeitsdeens eröm woa, Uelaub bes seng Enberufung füe de Wehrmacht kom.

Ech han met de Mama vüerem Mariealtaa jekneet. Et woa me langweilech wännisch de Mess, von demm janze latainische Krom vestomd ech jo nöüs. Do han ech stekum en menge Manteltösche eröm jefeek, ov do nöüs ze Spille dren wöa, on fonn meng nöü Ruusekränzje wat et Chreskindche me braach hat. Do han ech et ieschtemol en mengem nöngjöhrije Lewwe füe mech allein, janz still on fromm de Ruusekranz jebätt.

Om Heimwääsch schlooch oos ene soukaale Wend entjäje, on me woaren fruh wie me widde Deheim en de warm Stuvv woaren.

Der Blankenheimer Hof vor der Zerstörung

Me wunnten domols em Blankenheime-Hoff, och Massons-Hous jenannt, en dem Dreieck Schötzbahn, Rausch on Deich. Met em Hous wunnt noch de Frau Schmidt, et Kniepse Angnes von de Schötzbahn, met ihre drei Jonge. Noher kom de Rudi erop bei mech spille. Seng jöngere Bröde de Jünthe on de Josef woaren

24

met ihre Mamm en de Noopeschaff bei de Jrooß jejange.
De Rudi braach e Stöck Holz met on e Mätz, füe e Schiffje ze schnitze. Do han ech me em Schoss och e Stöck Holz jehollt on e Köchemätz, on dann hamme öm de Wett an oose Holzstöcke eröm jefrättelt. Schließlech saat de Mama. "Röümt jetz dat Jefitschels fott, dat ech de Desch decke kann, jleich kütt de Peter esse.
Me hatte koum mem Opröüme aanjefange, do huete me Fliejere brumme. Ech sprong wie elektrisiet ob on rannt hennisch de Düe meng Mäntelche on Mötzje holle on däät et aan. De Richard saat: "Ech kicken ens ob die Fliejere kreise, ob me en de Kelle mösse" on mooch et Finste ob. En demm Moment huet me et zische, fauche, kraache on dröhne. Et janze Hous fing aan ze ziddere on ze beebe. De Boddem jing me onnisch de Fööß fott on ech feel, on alles wat öm mech woa feel met. Dann woa et stechendöüste on duudestill. Ich schrie entsetz: "Mama,- Mama." Do kom von janz weit her: "Bes stell Kend, et wiet alles widde joot." Dann woa ech janz stell.
Ech looch om Röcke, ob me looch jätt schweares, ech konnt mech net rippe on wääje, nue möhsam jappe. Üwweall sprühten Funke eröm, äwwe ech konnt nöüs ekenne. Hondet Jedanke schosse me jleichzeidech durch de Kopp. "Ov ech jetz sterwe moot?" Ech sohch plötzlech all Schandtate füe me, die ech en mengem kuete Lewwe jelapp hat. Do woe en kapotte Verandadürscheiw die ech vüe Wut enjehaue hat.- Ech sohch Marmeladejläse wo ech dran schneuse woa,- ene Kooche wo ech e Loch eren jepiddelt hat,- met de Nopesch Pänz hatt ech mech jeklopp on de Rudi vüeret Schinnbein jetrodde,- on eimol hat ech esujaa de Mama bekoolt. "Ov ech jetz en de Höll kom?"
Doch do wue ech jäh ous menge Jedanke jeresse. Widde dat Kraache, Zische, Dröhne on Beebe. Ech wue hujehowwe on eröm jewälz met allem wat öm mech woa, dann feel ech widde on looch om Bouch. Do huet ech noch de letzte Ton von de Siren, jetz woa Fliejealarm. Wie ech de Aure obmooch sohch ech hell, decke jelle Stöpp. Janz langsam konnt ech jätt ekenne. Ech looch

am Rand von enem jruse Bombetrichte on woa zweschen Baleke on Lehmplaate enjeklemmp, de Kopp on de Arme woaren frei. Direck vüe me looch der nöüe Kaffewärme der de Mama vom Chreskindche krääsch hatt. Ech woll donoh raafe, do sohch ech de Mama, wie se newisch me janz siddisch en de Bombetrichte erav rötsch. Se hat de janze Kopp voll Bloot on voll Dreck. Ihre Hoordutt woa erav jeresse, on de bloodije Zöhpe klääften ihr em Jesiech. Ech reef janz vestüert: "Mama,- Mama!" Äwwe ech krooch kein Antwoat, se woa bewusslos. E Stöckche näwwisch me looch de Schmidte Rudi. Der hatt et Kinn objeratsch on woa am bloode, donewisch looch oose Heinz, se woaren och beids zweschen Baleke enjeklemmp. Noch e Stückelche weide woa oose Richard. Der looch janz frei on hat Bloot aan de Lippe.

Üwwe de halev enjefallene Jademouer komen Soldate jesprunge. De Frau Schmidt kom och aanjerannt, füe noh em Rudi ze kicke. Eine von der Soldate leef bei de Richard on schwätz em aan, äwwe der konnt nue noch möhsam senge Name lalle, dann es e enjeschlofe - füe emme, im woa de Lung jeresse vom Luffdruck.

Eine von de Soldate hät mech frei jebuddelt, on eine woll bei de Mama en de Bombetrichte erav klimme. Doch en andere reef, er soll imm met aanpacke, der Frau wöa doch net mie ze helefe. Do fing die Frau Schmidt aan ze lammentiere: "Jetz holt doch die Frau Brenner erous, dat es en Motte von vier Kende, die könnt e doch net einfach sterwe losse." Dann sen zwei Soldate bei se erav jeklomme. Ech woll och bei de Mama, äwwe der eine Soldat pack mech bei de Hand on zoch mech fott. Do han ech jejöhmet: "Ech will bei meng Mama-, Mama!" Doch er meint trüstend, dat de Mama jeholefe kreit, on dat me janz flöck en de Kelle mööte, weil noch mie Bombe falle könnte. Me sen dann de Schötzbahn erop jelaufe, stöckweis moote me üwwe Trümmere klimme, on ech hat Möh metzekunn weil ech en Fooß vestouch hat. Dann semme durch de Howweratsjass, de Owwehot erav en Schäfesch Wengkelle.

Der Kelle woa voll von Löck. Üwweall soßen se eröm, ob Stöhl on ob läddije Wengkeste, on woaren vüe sech hin am Murmele on am Bedde. Ab on zo huet me Fliejere brumme, dann wue dat Bedde loute. Ech hat mech janz still en e Eckelche jehutsch, meng Mäntelche eng öm mech jeschlunge. Kalt woa et. Irjendwann jing die Trööt widde, jetz woa Entwarnung. De Löck stonden ob on drängten nom Ousjang. Der Soldat nohm mech widde aan de Hand on braach mech en de Niddehot bei meng Tant. Meng Bröde, de Peter on de Heinz woaren och at do.

Nommendaachs semme zesamme ob de Schötzbahn de Mama sööke. Die hatten se jääntüwwe en et Ehrenwallsche Schlößje braat. Do looch se en enem Kämmeche ob em Bett, mitten im Dreck. De Zimmedeck woa erav kunn, on em Finste woa kein Scheiv mie. De janze Boddem looch voll Lehmklompe on Jlasschirbele. De Mama woa met ene dicke Steppdeck zojedeck on hat de Kopp schwer vebonne, äwwe se woa wach. Wie se oos sohch freech se ze iesch: "Wo es de Richard?" Mir woßten et net. Do hät se janz leis vüe sech hinjekriche.

Noher komen e paa Soldate noh de Mama kicke ov se noch levv, on han se bei de Ehrenwall en et Hauphous braach. Ob ene Zemmedüe ous de Trömmere han se se wegtransportiert. Mir sen dann widde ob de Schötzbahn kicke jejange.

Wo de Blankenheime Hoff jestanne hatt, woa nue noch ene jruse Haufe Schutt. Er hatt zwei Volltreffere avkrääsch. De ieschte Bomb es henne em Hous enjeschloon on en oosem Luffschutzkelle explodiert, jenau en der Eck wo me sons emme jesääße han, on die hat et Hous zom Ensturz braach. Äwwe dat woßte me iesch spääde, no demm de Bapa de Kelle ousjejrawe hatt. Die zweite Bomb es em vordere Hous enjeschloon on em Jromperekelle explodiert, on hatt de Daachstohl üwwe oos wegjefääsch, sudat me owwendrop loochen. Em Hoff woa och noch ene Bombetrichte on em Jade.

Op de janz Schötzbahn sohch et schroh ous. De Stadtmoue looch vom Schlößje bes an de Ahpoaz an de Erd on hat de Höüse metsammp de Minsche die dren wunnte onnesch sech bejrawe, on op de andere Stroßeseit stonden nue noch e paa Mouereste. De Ahpoaz woa nue noch en Ruin. De Torbore woa üwwe halev voll

27

Schutt, on de Ahjass looch en Trömmere. Üwweall woaren se no Veschütte am jrawe, no Duude on Veletzte. Wo me hinkick woa Nuut on Vezweiwlung, Trouer on Entsetze, on jrauenvoll Vewüstung.-

Wemme höck durch de Ahjass on üwwe de Schötzbahn jeiht, merk me nöüs mie von demm jröüleche Jescheje domols. De Höüse sen widde objebout, schöne wie vüeher, on de Stadtmoue on de Ahpoaz stohn widde fass on stolz wie eh on je. Die jong Löck können sech net vüestelle dat et ens annesch woa. Äwwe mir Aale denken noch manechmol met Wehmot aan die schlemm Zeit zeröck. Doch mir könne nue hoffe on bedde, dat mir,- oos Kende,- on och oos Stadt, esu ene schwazze Daach net noch ens erlewwe mösse.

Der völlig zerstörte Blankenheimer Hof lag rechts hinter der großen Fachwerkfassade. Links daneben das zum Teil zerstörte von Ehrenwallsche Schlösschen mit dem Bitzenturm

Meng Ieschkummiun

Meng Ieschkummiun woa am 13 Mai 1945, dat woa de Sonndaach vüe Pengste. Me wunnten domols en Linz beim Jroßvatte on de Tant, weil me en Ahweile ob de Schötzbahn ousjebomb woaren.

En der Naach vom sibbte ob de aachte Mäaz komen de Amis no Linz, on all die en oose Stroß wunnten mooten de Höüse velosse. Mir wueren all en de Noopeschaff en de Farrhouskelle evakuirt. Dodren hamme dann vierzehn Daach met 50 Löck jehous. Ech moot meng Kendebettche met noch zwei ander Pänz deile, do looche me dren wie die Ölsadenge, zwei mem Kopp no owwe on eine mem Kopp no onne. Me konnt sech net rippe on wääje on hat emme von enem andere de Stenkmauke em Gesiich. Wännesch der Zeit kom de Pastue bei meng Motte on meint, ech wöa doch och at nöng Johr alt on hürt düssjohr bei de Kummiunkende. Do woa de Mama janet bejeistet von. Se meint, dat jing doch net, me hätten doch kein eije Wunnung, ech hätt nöüß aanzedoon on von oosem Bapa hätt se at seid Januar nöüs mi jehüet on se wöss janet wo der ze Zeit wöa. Do meint der Pastue, wäjen esu Newwesächlechkeite leet me kein Kend waade, on me wöss jo och net wat näächs Johr wöa. Meng Tant on de Opa woaren envestanne dat me bei inne de Ieschkummiun feiere dääten, on domet woa ech och bei de Kummiunskende.

En denne zwei Woche, wo me em Farrhouskelle woaren, es Linz noch schwer von de Artellerie beschosse woare. Net von de Amis, sondon von de Döütsche. Von denne hat sech ene Trupp owwehalv von de Stadt em Bösch veschanz on vebisse jekämpf. Die wollten umbedink noch de Kreech jewenne. Nodemm et dann en Linz widde ruhije wue on die Amis ob de Westewald vüejeröck woare, dooschte me widde en de Wunnunge zeröck.

Dann fing de Kummiunsonderich aan, deils em Farrhous on deils en de Kerch. Zwei mol unnesch de Woch moote me morjens en de Mess john on de letzte zwei Woche jede Morje. De letzte paa

Daach hamme och en de Kerch jeüb, dat an oosem Fessdaach alles klappe däät.

Vom Linze Mütteverein han ech e Kummiunskleidche, e Paa weiße Strömp on e Kränzje jeliehnt krääch. Dat moot ech no de Froleichnamsprozzisjun widde zeröck jänn. E paa schwazze Lackschöhche han se me jeschenk, on en Keaz hat de Tant Traudche besorch.

Am aachte Mai woa dann de Kreech endjöltech ze End, on am 13 Mai kom oose jruuse Daach. Die Kummiunsmess woa at morjens öm Aach, weil me jo vüeher nöüs ääße on drenke doosch. Mie Kende sen feielech met oose Kummijunskeaze paaweis dorch de Metteljang en de Kerch enjezoore. De Jonge han ob de rächte Seit jekneet on de Mädche ob de lenke. Am Koppend von jede Bank woa e Engelche, Dat woaren Kummiunskende vom letzte Johr. De Kerch woa schön jeschmück on et woa en schön feielech Mess. Mir Kende han ous fruhem Hezze jesonge on jebett. Ze Kummiun han die Engelche oos reiheweis an de Kummiunbank jeleit, su dat emme ein Reih knie däät on ein dohennisch stond. Wemme an de Reih woa, däät en Messdeene einem de Patene onnisch et Kinn haale, me däät de Zong erous on de Pastur laach einem de Hostie drop. Wenn all Kende en de Reih de Kummiun empfange hatten, stonde me zesamme ob, moochen en Vebeujung on jingen widde hennesch oosem Engelche zeröck en de Bank. No em Schlußleed zochte me och widde paaweis, mit de Engelche vüerop, ous de Kerch erous.

Dann jinge me heim Kaffee drenke. Me woaren jo ene kleine Kreis, de Opa, de Tant Traudche on meng Kusin, de Mama, menge Brode Heinz on ech. Menge älste Brode Richard woa am 29. Januar bei demm Bombeanjriff ömkunn, on de Pete es en Ahweile blev. Der woa at en de Liehr on hät do bei ene Tant jewunnt. Zo menge Kummiun konnte net kunn, weil me zo der Zeit net üwwe de Rheng kom.

Wie me ferdech woaren met Kaffedrenke doosch ech de Jeschenke ouspacke. En de meiste Päckche woa ein ode zwei Taschendööjelche, schön bestick, ode met rosa, blaue ode weiße

30

Spetz ömhäkelt. En einem Päckche woa sujaa ene bestickte Taschendoochbehälte. Do konnt ech die Dööjelche all dren vestoue. Oußedemm han ech noch zwei Hortensie krääsch, dodrüwwe hät meng Tant sech et meiss jefraut. Dann noch e paa Hellijebildche füe en et Jebettbooch, on noch Jeld, Reichsmark, wo me domols at nöüs mie füe kaufe konnt.

Mettaachs jov et e richtech Fessdaachsesse, Eaze on Müerche, Jrompere on Schweinebrode, on me dooschten oos richtech satt äässe, dat woa net an alle Daach esu. No Mettaach woa noch Dankandaach, on anschließend hamme bei herrlichem Sonnescheng ene schöne Spazierjang en de Bösch jemaht. Zom Kaffee woare me widde deheim. De Tant Traudche hat ene schöne decke Mamoarkoche jebacke, dat woa füe mech de leckerste Fessdaachskoche der et joov.

Am zweite Daach woa morjens Dankjoddesdeens. Dofüe hatte me e "Beikleidche", su nannt me die domols. Ech hatt e knallrudet, dat hat en Noopeschfrau füe mech ous ene Hitlefahn jenäht. Dat stond me jo füe et baschte net bei menge fussije Hoar, äwwe ech komm me steif-staats vüe on woa siilich dat ech endlech ens e rut Kleidche hat.

No osem Kummiunsdaach han mir Pänz manchmol ob de Stroß Kummiun jespillt. Wemme von de Amis e Röllche Päffemünzje krääsch hatten, woaren dat de Hostie. De Dörpel füe de Housdüe woa de Altaa. Als Patene hatte me en klein dönn Schiefeplaat. De jrüßte von der Jonge woa de Pastue on de kleinste de Messdeene. De Pastue streck dann vüerem Altaa de Arme breit ous on reef: "Domminus wo bis du, "on mir andere joven dann zesamme Antwoat. Dann kneete me oos newejenande vüe de Dörpel, de Messdeene heelt oos dat Schiefepläätche onnesch et Kinn, mir dääten de Zong erous on de Pastue laach jedem e Päffemünzje drop. Me dääte noch e Leedche senge, on dobei woare me bahl jenau esu aandächtech wie am Kummiunsdaach en de Kerch.

Mette Juni semme widde no Ahweile jezohre. Ob enem offene LKW hamme henne dropjesässe, Zweschen e paa aale Möbele on anderem Krom der me jeschenk krääsch hatte. En Dollendorf

semme üwwe de Rheng, do woa en Pontonbröck von de Amis. .
En Bodendorf hamme noch bei Vewandte Halt jemaat. Die hatten
ene Bourehoff, on von denne hamme jätt Jrompere, on Fruuch
(Getreide) on noch jätt ander Lebensmittel füe de Aanfang
krääsch.

Füe mech hat die Tant noch e Kummiunsjeschenk, et schönste wat
ech üwwehaup krääsch han, en weiß Porzelengmadonna ob em
Söckelche mem Jesukindche om Arm on noch e Engelche debei.
Se hät me vezallt, dat sei die och als Kend ze Ieschkummiun
krääsch hatt, dat woa 1892, on jetz wöll se mir die schenke. Die
soll mech behöde füe et janze Lewwe. Dodrüwwe woa ech
richtech jlöcklech. Jetz konnt ech de janze Summe üwwe e
Maialtärche maache, sulang wie me Blome in de Wise on em
Rääsch fonn, Dat Engelche es spääde bei enem Ömzuch veschott
jejange, äwwe die Mottejoddes steiht höck noch en huhe Ihre.

Weihnachte 45

"Et jit jaa kein Chriskindche," hatten de Pänz en de Schull
jesaat. "Dat määt alles de Mamm on de Bapp." Ech woß net esu
rääch wat ech dovon haale sollt. Et woa emme esu schön jewäse
Weihnachte, on dat de Mama dat alles allein jemaat han soll? De
Bapa woa doch all die Johre em Kreech, on kom nur manchmol
Weihnachte e paa Daach en Uelaub. Mir Kende han nie jätt
jesehn vüeher. Wede dat de Mama Plätzje jebacke hät, noch sons
jätt. Nur de Wunnzemmedüe woa en Woch vüeher avjeschlosse.
Äwwe wemme dorch et Schlösselloch jelins hät, sohch me nur
döüste.

Wie mööch et düss Johr Weihnachte sen? Seit em Janua woare
me ousjebomp on bäddelarm. Bes mette Juni hamme en Linz
beim Jrooßvatte jewunnt. On dann hamme he en Ahweile, om
Aalebou em „Weiße Tuen" en Wunnung krääch. Zwei jruse
Zemmere ob de öweschte Etaasch, ohne Wasse, ohne Abfluß on

32

ohne Klo. De Löche en de Finstescheiwe woaren met Pappdeckel zojenarelt, on von de Wänn klotzten oos riesige Jestalte ous em historische Fesszoch von 1903 aan.

Bei Vewannte on Bekannte hatte me oos e paa aale Möbele zesamme jekött. Für et Schlofzemme drei Bette. Eint für de Mama, de Bapa woa noch en Jefangenschaf. E schmal Eisebett für meng zwei Bröde Pete on Heinz on e klein Kendebettche für mech, obwohl ech at nöng woa. Dann woaren do noch e paa decke Näjel an de Wand, füe de Klamotte obzehange. En aal Komood für dat besje Wösch wat me hatten on en jruuß veplötsch Blechkomp für oos ze wösche. En de Köch hatte me ene aale Desch on für jede ene Stohl. En de Eck stond noch en jruuß Eiekeß met demm besje Krom wat me noch en de Trömmere fonne hatte.

Fließend Wasse hatte me nur wenn et rääne däät. Dann trops et en de Köch von de Deck eraff. Ab on zo kom och ene Klompe Lehm met. Et Brouchwasse moote me bei oose Flurnopere holle. Dofür hatte me ene Marmeladeeime. Doch der fing baal aan ze roste. Dann hät de Mamma beim Franke Oskar e jruuß Kappesdöppe krääsch, domet woa oos Frischwassevesorjung für de Zokonf jesechert.

Et dreckije Wasse hamme ob et Daach von de Mädcheschull jekipp. Der Jiwwel jingk jenau bes aan oos Schlofzemmefinste. Für ob de Klo moote me 62 Treppestufe eraff flitze, an enem Baumsarech met enem Duudejeripp vebei on dann noch üwwe de halewe Schullhoff. Do moot me sech manechmol janz schön zaue, dat me de Kier krooch. Als Kammepott hatte me ene Kochpott ous de Trömmere. Der woa zwaa schwer zeböült on zeqwötsch on em Boddem hatte e paa decke Kötsche. Äwwe e woa wenestens noch disch.

Ene Köcheherd hatte me och net. De ieschte paa Daach hät de Mamma bei de Flurnopere om Head en Schlabbezupp jekoch, me hatte suwisu nur ein Kochdöppe. Do hamme dann alle vier drömeröm jesäässe on de Zupp ous em Pott jelöffelt. Dann hät oos en Nopeschfrau e paa Telle on Tasse braach. Do stond zwaa NSV

(National-sozialistische Volkswohlfahrt) drop, on onnech de Tasse woa e Hokekröüz, äwwe de Maremelech on de Muckefuck, der me ous Eichele selefs jeröss hatten, schmook trotzdemm vill besse als wie vüeher ous der aale Blechkömpche.

Dann krooche me ene Herd on ene Köcheschrank jeliehnt, nur jeliehnt, bes die Löck denne et hüet widde zeröck köme, die woaren ewakuiert. Meng Bröde, de Pete 15, on de Heinz 14 Johr alt, han de Summe üwwe ob de Jroschaff bei de Bouere om Feld jeholefe, dat me jätt ze Kimmele krooche. Manchmol sen ech och met de Mama hamstere jejange.

Em Aujuß kom de Bapa ous de Jefangenschaff, do wue et langsam besse. De Bapa woa Schohmäsche on hät baal Arbeit beim Schüller en de Niddehot fonne. Newwebei hätte dann off noch bes halev Naach jeschaff on Schohn jefleck on och nöüe jemaat, füe de Bouere jäjen Essenskrom, on für de Winzere jäjen Schnaps. Dobei joll die Rejel, "Friedenspreis jäjen Friedenspreis". Met demm Schnaps konnt de Bapa dann widde nöü Ledde, Näjel Pechdroht on ande Utensilie, on och noch manch dringend nüdije füe de Houshalt enhandele. Su kom ein Deil bei et andere, äwwe alles en allem woa et ene janz armsiileje Krom.

On jetz woa Atvent. Drouße woa at alles deck veschneit, on lange Eiszappe hingen von de Dääche erav. Wenn ech morjens obstond woaren de Finstescheiwe janz zo von Eisblome. Dann han ech e Loch en die Eisblome jehauch dat ech ous em Finste kicke konnt. Manchmol woa de Himmel janz rut on de Mama meint: « Do owwe es bestimmp et Chriskinche am Backe ».Dann han ech bang jedaach : »Ov et dann doch e Chriskinche jit on ov dat oos üwwehaup fendt he owwe en der armsiilije Stuff »?

« Morjens jing ech off met de Mama en et Rorateamp. Dat woa emme e su schön feielech, wenn die Adventsleede durch die donkel Kerech klonge. Nur am Altaa brannt e Keatzje. Eimol meint de Mama: "Düss Johr wied et Chriskindche seche janz arm sen. " Ech säät: "Wisu, em Himmel woa doch keine Kreech". Dodrop hät se mech nur ens traurech aanjekick.

On dann kom Weihnachte. Am Hellije Owend hät de Mama ene

Kooche jebacke. Ene Kukuruzkooche ous Maismell, met Rööpekrout jesööß. Dat Rööpekrout hatte me em Herevs ous Zuckerööpe selevs jekoch. De Bapa jing noch met de Jonge en de Bösch ene "Heimjänge" (Baumstamm, den man mit einem Seil hinter sich her zog) holle, dat me Weihnachte net vekaale moote. Ech sollt obröüme, äwwe dat jing flöck, me hatten jo net vell für ze spille, on de Mama hät noch de Köch jebotz.

Owends hamme Backäppel jebrode, dat roch esu schön no Weihnachte. Dann hät de Mama e Keazestömpche aanjemaat, on me han noch e paa Weihnachtsledche jesonge. Donoh moot ech schlofe john. Ech han mech en meng Plümo enjemuckelt on warm jeziddert. Dann han ech noch jätt vom Chresskindche jedräumb on sen enjeschlofe.

Am Weihnachtsmorje wuere me fröh jeweck. Me han oos em Schloofzemme aanjedoon on veadech jemaat, on sen zesamme en de Chresmett jejange.

De Kerech woa fesslech jeschmück, met Tannebäum on brennende Keaze. Et wueren die schön aal Weihnachtslede jesonge, on de Pastue hät jeprädech vom Fridde ob de Ead. No de Mett hamme noch met de Mama de Kripp jekick, De Bapa woa at heim jejange füe de Herd ze stoche, dat et jätt warm wue. Dann semme och heim. Wie ech em Schlofzemme meng Mäntelche objehange hatt, klingelt et janz leis en de Köch.- Ech han de Luff aanjehaale on de Uere jespetz,- do klingelt et widde.- Do han ech ens janz vewondet no de Mama jekick, on dann sen ech flöck en de Köch jerannt.

Do stond ene Weihnachtsbaum, - schön on strahlend - met brennende Keaze draan, on bonte Kurrele, on Lametta. –

Woa dat ene Jlanz en oosem armsiilije Jehöösch. Ech woa wie jebannt. - Onnesch em Weihnachtsbaum stond en Kripp. Ene schöne jruse Stall met Maria on Josef, on em Jesukindche em Krippche. Dohennech looch et Öasje on et Äselche em Strüh.

E Engelche schweb üwwerem Enjang. On Schööfje woaren do, on Hirte. Ech kom ous em Staune nemmie erous. On newesch de Kripp stond ene schöne Schlidde, on dodrop lochen en

Tränningsbotz füe mech, jestreckte Mötze on Hännche füe meng Bröde, ene warme Schal füe de Mama, e Paa decke Streckströmp füe de Bapa on noch ene jruse Telle met Plätzje, Äppel on Nöß,- on alles woa üwwestrahlt vom Keazescheng. Dat woa e Wonde, - e richtesch Weihnachtswonde.- On do woss ech et janz jenau. Et jit doch e Chriskindche.-

P. S. Dat et Chriskindche de Weihnachtsbaumschmuck on de Kripp nue jeliehnt hat, han ech iesch spääde erfahre. Die Saache woaren von enem Onkel on ene Tant von Linz. Denne ihre einzischste Jong woa noch am End vom Kreech als Jachtflieje avjestürz.

Wie et Chresskinche zwei mol kom

Dat Jeschichje wat ech he vezälle, hät sech füe rond hondet Johr, am Aanfang vom 20. Johrhondet en de Kendheit von mengem Vatte avjespillt.

Meng Jroßeldere hatten en de Niddehot e klein Krämeläädche, su nannt me die Tante Emma Läädche domols. Newwenbei hät menge Jruußvatte als Jeadne jearbeit on beim Ehrenwall on bei andere bessere Löck de Bäum jeschnedde.

Meng Oma hat bei ihrem Lade noch der jruuse Houshalt ze vesorje. Owends hät se off bes spät en de Naach, jenäht on jestrick, jestopp on jeflick, dat ihr zehn Pänz, vier Jonge on sechs Mädche, öandlech aanjedoon woaren. Jruuß Spröng konnten se kein maache. Et Jeld hät jrad füe et nüdichste jelangk, do blev nöüs mie üwwerisch füe deure Spillkrom,

Nou hatt meng Juußmotte en reich Tant en Kölle wunne. Die hat e jruuß Hezz füe Kende, on die hatt ihre Spass dran, die Spillsaache die die Pänz sech wünschten enzekaufe on jedes Johr füe Chressdaach e jruuß Paket noh Ahweile ze schecke.

Doch en demm eine Johr woa kein Paket von der Köllche-Tant

aankunn, on de Weihnachtsdesch sohch zemlesch maare ous. Wie die Pänz am Weihnachtsmorje ous de Chrressmett kome on en et Wunnzemme störmte, sohch me nue lang Jesiichte.
Do woa keine Fooßball on kein Peadsfuhrwerk. On och net dat heißäsehnte Pöppche, der Boukaste, der Hampelmann on der Dilledopp. Noch net ens e Bildebooch, ode e Molbooch met Färvje. Newwisch de Tellere met Plätzje, Äppel on Nöss woaren nue e paa Saache fue aanzedoon wie Schlüffje, Strömp on Leivje, Mötze, Schals on Hännsche, on esu ene Krom. Die Pänz kickten zemlech betrodde dren, on de Weihnachtsledche wollten janet richtich klinge. Nue die zwei Jöngste han staunend met jruuse Aure de Weihnachtsbaum aanjestrahlt.
Menge Oma däät et en de Siil wieh, wie se die Entäuschung von de Kende sohch on se saat trüüstend: "Vleesch hät et Chresskinnche net de Kier krääch, dat hatt jo esuuu vill ze doon jetz vüe Weihnachte". On de Opa meint: "Ode ihr set net brav jenoch jewäse, üwweläächt ens wat ihr alles esu jelapp hat in de letzte Zeit ".
Do heelten die Pänz Jewissensäforschung on daachten reuich üwwe ihr Schantate noh. Et Kätha hatt emme jemoult, wenn et affdrüje moht, on et Änn hat net ob dat klein Schwesteche objepass. Do woa dat Angnessje de Trapp erav jeballisch on hat ene decke Dotz am Kopp. Menge Vatte hatt met sengem Brode em Höffje Mäatesdaach jespillt on Feueche jestoch on dobei jesonge: "Semme nonet al die Niddehöde Jonge". Et Chrestel hatt öfftech em Lade am Honichpott jeschneus. Dobei hatt et sech eimol veroode, weil et ous vesehn et Döppe met scharfem Mostet äwisch hatt. Do es et bröllend bei de Mama jerannt: "Mech hät en Bien en de Zong jestoche". Et Marie hatt de Schull jeschwänz on de Mama bekoolt, on de Pitte, de älste, hatt sengem Vatte ein von senge Sonndaachs-Zijarre jefilz. Die hatte dann stekum en de Wöschköch jeflöpp on aanschließend en de Botz jedresse.
Su hatt jede met sech selvs ze doon, on meng Jruußeldere hatten ene ruhige, friedliche ieschte Weihnachtsdaach ohne Jezänks on ohne Kendejeschrei.

37

Am zweite Weihnachtsdaach jing meng Oma at fröh met ihre Kende en de Kerch, on de Opa zoch met sengem Schlidde ob de Poss, (domols woaren jo de Lääde on et Possamp och an Sonn-on Feiedääch ob) on Jott sei Dank, die Sendung von de Köllsche-Tant woa aankunn. De Opa hät dat jruuse Paket ob senge Schlidde jelade. Autos joov et jo domols noch kein, äwwe dofüe joov et em Wente vill, vill Schnii, on e es flöck met senge Laadung heim jezoore.

Wat woa dat ene Jubel, wie die Kende met de Oma ous de Kerch heim kome. Am Weihnachtsbaum dääten de Lichte brenne, on onnisch em Baum looch dat Pöppche, der Boukaste, dat Peadsfuhrwerk, der Fooßball on all die schön Saache die die Kende sech esu sehnlichs jewünsch hatte. Selvs de Tellere woaren widde nöü jefüllt.

Nou woa richtich Weihnachte. Die Pänz han ous fruhem Hezze Weihnachtsledche jesonge, on jlöcklech met ihre Spillsaache jespillt, on all woaren se fess dovon üwwezeuch, dat et Chresskinnche noch ens kunn es, weil se am Daach vüeher esu braav woaren, on weil se morjens en de Kerch esu fromm jebett hatten.

De Här von Nentert

"Ob Nentert jeiht et öm," sääten die aal Löck von Ahweile. Koum eine trout sech bei Naach üwwe de Hüh an Nenterts Dreesch vebei. Wenn de Wend dorch de Trümmere vom aale Jehöff fääsch, meint me et köm wie Kühme on Wimmere ous demm zefallene Jemöüe. Wer do owwe ömjink, ob et de Siile von de Emordete woaren, ode de Siile von de Mördere, die öm Mettenaach roulos an de Oat ihre Schandtate zeröck kome, dodrüwwe woaren se sech selefs net em Kloare. Keine em Dall woß, wat sech werklech do owwe zojedroon hatt, domols en der Hellije Naach.

Weit av von de Stadt, ob de Hüh, zweschen em Höüsje on em Steine Berech, hat de Här von Nentert senge Hoff. Johr ous, Johr en, hätte do owwe met senge Famillisch, met Knääsch on Määd on sengem janze Veehzöüsch jehous. E woa ene hatte, roue Här, jenau e su rou wie dat Klima do owwe. Selden nue kome en de Stadt. Ewwe wenn en de Chressnaach de Jlocke von Sank Laurenzius louten, dann komen die Nenterts met ihrem janze Jesind dorch Naach on Näwwel on klerrende Kält, erav noh Ahweile en de Chressmett. Dat Jlockejelout wiss inne de Wääsch dorch et Döüste.

En fröjere Johre hatten se sech ens en de Chressnaach velaufe. Seit demm leet der Pastue jedes Johr en janze Stond lang füe de Mett de Jlocke lögge. De Här von Nentert hat en domols dröm jebett. Ene janze Reichsdaale däät er dofüe jedesmol en de Opfeböggel, on dat woa vell Jeld en de domolije Zeit.

Widde louten de Jlocke von Sank Laurenzius feielich dorch de Hellije Naach. Äwwe vom Nentertshoff woa kein ein Siiel erav en de Kirech kunn. At weit üwwe en Stond lang dengelten die Minestrante. De Pastue woa at janz onröuich. Ob sech do owwe e Onjlöck zojedroon hat? Der Küste mooch seng Vüespill besondesch lang, äwwe der Kirechestohl vom Här von Nentert blev leddisch. Et woll kein richtisch Aandaach obkunn wännisch de Mett. Emme widde jingen vestollene Blick no de Kirechedüe, on de Orjelmusik laach sech schwer ob de Jemüüte.

De Kerech woa ous. Äwwe vom Nentertshoff woa keine erav en et Dall kunn. Bewaffnete Bürje zochten noch en de seleve Naach met Päschfackele et Heckebachdall erop, ob de Hüh, öm die Nenterts ze sööke. Von weidem sohchen se at der helle Scheng üwwe em Bösch. Äwwe dat woa net der Lichtejlanz von Bethlehem. Dat woa, wie wenn de Döüwel selevs de Höll loßjelosse hät üwwe em Nentertshoff. Huh schlooren de Flamme jäänt de Himmel, on em Föüjescheng sohch me de aanjeküllte Leiche von de Nenterts on ihrem Jesind, am Baleke von de Hoffpoaz baumele, wo die Mördere se öbjeknöpp hatte.

Su nohm dat Lewwe ob Nentert e jäh on jröülech End. Äwwe die

Jlocke von Sank Laurenzius ze Ahweile louten noch lange Johre, bes weit en oos Zeit erenn, en Stond lang en de Chressmett, on erinnerten de Löck em Dall aan dat schourisch Jeschick vom Här von Nentert.

En de „Sechzije Johre"

Do huet ech doch zofällesch e paa jong Löck schwaade. Jo, fröhe, do woa jo och alles vell belleje wie höck. On wenn de Löck och winnesch vedeent han, komen se doch vell besse kloa on konnten sech vell mie leiste wie mir höck em Johr 2000. Do han ech ens de Stiern jeschrömpelt on scharf nojedaach, wie dat vüe viezisch Johr woa, wie mir jeheirot han.
Dat woa 1960. Menge Mann hatt als Bauingenieur e Jehalt von 600 Mark em Mond. Äwwe esuvell hat jo beiweidem net jede. Oos Wöschmaschin, et woa en halefautomatije von AEG, hät 1200 Mark jekoss. Dat woaren zwei Monatsjehälte. Füe en vollautomatije Constructa moot me domols esujar 2000 Mark hinbläddere. Trockenmaschine jov et noch jaanet, mir han de Wösch noch ob de Läuv jehange füe ze drüjje.
De Meet woa bellesch. Oos ieschte Wunnung hät 75 Mark jekoss. Dat woaren drei Mansardezemmere, en Köch on e Klo, on e Kabäusje en de Schrääje, füe de Krämpel ze vestoue. Heizung woa kein em Hous, mir mooten noch de Kolle on de Priketts ous em Kelle erob schleife on et Öscheschoß widde erav. Badezemme hatta me och keint, der Luxus woa domols noch lang net en all Meetwunnunge. Äwwe wösche konnt me sech och en de Köch, do hatte me e jruß rääscheckesch Steinjutbecke. Ech frore mech, ob höck noch eine en esu e Jehöösch eren zehje däät?
Oos zweite Wunnung, dat woa zwei Johr spääde, hät 98 Mark jekoss on hat e Badezemme. Äwwe morjens flöck dusche woa net dren, denn me moht ze iesch de Badeowwe aanmaache on en Stond lang öantlech stoche bes et Wasse warm jenoch woa. De Lebensmettele woaren nue zom Deil bellesch. Ene Zentner

Enkellerungsjrompere krooch me at füe 8,- Mark on ene Zentne Äppel füe 20,- Mark. E drei Ponds Jrahambrut füe 1,20 DM, on e Jroschens Brüütche füe nue 10 Penning. En Ditz met ene Peif füe Niklosdaach krohch me füe 25 Penning on e Pead met enem Mann drop, füe eine Mark, ene Liter Melech füe 44 Penning on e Pond Klatschkääs füe 7 Jrosche. Äwwe e halef Pond jode Botte hät domols at 1,80 Mark jekoss, on e Ei 25 Penning, en Dos Ananas 2,25 DM on e Jlas Honisch 3,50.

De Jenussmittele woaren deuer. 1960 han ech als jelierte Nähdesch 2,05 DM de Stond vedehnt. En 100 Jramm Tafel Schuklad, die Wappenklasse von Trumpf woa domols de belleschste, däät eine Mark koste. Do konnt ech me füe eine Stondeluhn zwei Tafele Schuklad kaufe on hat noch 5 Penning üwweresch. Höck em Johr 2000 koss beim Aldi en Tafel „Trumpf Siegelmarke" 49 Penning. Do kann sech en Hilefskraff, die 15,- Mark de Stond vedeent, füe eine Stondeluun 30 Tafele Schuklad kaufe on hät noch 30 Penning üwwerisch.

Och et Bier woa deuer, füe ein Flasch moot me 1,26 Mark berappe. On de Kaffee,- füe e viedel Ponds Böggelche Spatenkaffee 4,50 Mark. De Bunnekaffe woa domols nue jätt füe Sonn-on Feiedääsch, de Woch üwwe wue Muckefuck jedronke, de Lindes krooch me at et halewe Pond füe 65 Penning. Füe en Flasch Ruude moot me 2,50 bis 3.- Mark bläsche, äwwe dat woa off ene frääde Rampes.

De Schohn woaren bellesch. Meng Brautschohn han domols 28 Mark jekoss, on e Paa einfache Schohn krooch me at ab 18 Mark. On de Klamotte, na ja,- die jov et at emme von - - bis - -

De VW Käfer hät en de 60er Johre 5000 Mark jekoss. Der hat zwa noch kein Servolenkung, ode Klimaanlaare, on och noch kein Zentralverijjelung, Airbag, on beheizbare Sitz. Dofüe fuhre jätt langsame wie höckzedaach.

Töscherechne jow et domols noch jaanet, äwwe mir hatte jo zom Jlöck en de Scholl noch et Einmoleins jeliert. Der janze elektronische Krom kom jo iesch en de sibzije Johre. Füe ene janz einfache Töscherechne moot me domols üwwe hondet Mark bläsche. Höck kreit me die einfache füe ene Appel on e Ei nohjeschmesse ode als Werbejeschenk.

De Fammillijefeste wueren domols em Famillijekreis jefeiet. Füe jruse Feete hatte me kein Jeld, denn et Fleisch on de Wuesch woa nett vill belleje wie höckzedaach em Sondeanjebot.

Em Jruse on Janze semme janz joot üwwe de Rond kunn. Wat me umbedink brouchten hatte me, on wat me net hatte, brouchte me och net umbedink. Wie zum Beispill ene Fernsehe. Domols däät eine en schwatz / weiß, met zwei Pojramme, 1000 Mark koste. Dat konnt sech en jong Famillisch koum leiste.

Me mohten och net zwei ode dreimol em Johr en Urlaub fleeje. De Kanarische Insele on de Dominikanische Republick kannte me nue ous em Erdkundeonderesch. Mir han vom Lago Magiore jedräump, äwwe jefahre semme noh de Huchzeit ein Woch en de Eifel, do woa et och schön on net esu deuer.

Me hatten och kein Zeit on Jeld füe Tennis ode Squash ze spille, mir konnten oos noh Feierowend em Jaade noch jenoch bewääje. Äwwe me hatten all Zeit on Jeld jenoch, füe drei, vier, ode fönnef Pänz jrußzezehje. De Brei on de Fläschje hamme selevs jekoch. Dat woa belleje wie der veadeschjekaufte Krom. De Murre on de Spinat wue em Jaade jezoore, on der Blubb Schläum (Rahm) hamme selevs aan de Spinat jedoon, wenne avjekoch on dorch de Müll jedräht woa. De Wendele wueren jewösche. Pampers joov et noch kein, on wenn et se jejänn hätt, dann hätt et Jeld net dofüe jelank.

Äwwe me sen trotzdemm ob oos Schröm kunn. Me woaren einfach zefridde met demm wat me hatte on han et bess drous jemaat. Höck, em Johr 2000, lewwen ere vill weit üwwe ihre Vehältnisse, on meinen, et wöa emme noch net standesjemäß.

Oos Zeit

Wat es Zeit?- Me deit su vill drüwwe schwätze,
on me veplant se, doch koum eine hät se.
De Termine maachen de Zeit kapott.
Ech han jetz kein Zeit, ech moß noch flöck fott.
Su hüet me et ständech bei Jong on Alt,
Die Zeit rennt dovon, on määt keine Halt.
Dobei jit et Zeit zebaschte jenooch,
Daach, Woche on Monde on Johre och.

Oose Herrjott hät oos de Zeit jeschenk.
Keine weiß wievell, on doröm bedenk,
wie de se sinnvoll nutz, on net vepenns
on füe et Wichtichste emme Zeit jewenns.
Füe de Arbeit su joot wie füe de Feste,
doch alles met Mooß, dat es et Beste.
Me soll sech Zeit nenn füe de Famillech,
besondech oos Puute brouchen se nüüdech.

Se koss nöüs, dröm soll me net ze kaaschtech senn,
och füe andre ens jätt dovon affzejenn.
Me kann manch einem en Freud domet maache,
wemme ens Zeit hät füe met imm ze Laache.
Manchmol wiet einem de Zeit och jestolle
dann moß me sech zaue, se enzeholle.
On wenn einem ens jätt donäwech jeiht,
dann heiss et: "Dat kreit sech met de Zeit."

Manch Löck behaupten och: "Zeit es Jeld,
on Jeld es et Wichtichste ob de Welt."
Andre veplämperen de Zeit, desto Trotz,
on hängen de halewe Daach füe de Klotz.
Der eine jewennt se, demm andre zerinnt se,
keine will mieh waade, dat es et Schlemmste.

Die Zeit es zwaa do, doch et fählt de Jedold.
Me säät, die schnel0lebisch Zeit wöa dran schold.

Von der jood aal Zeit wiet esu off jeschwätz,
domols hat me noch Zeit, on et wue net jehetz.
Wat ene Quatsch, die hatten net mieh Zeit, die Löck.
Die kannten nur net der Vejnüjungsstreß von höck.
Höck mööch me müjelechs vell Zeit jenieße,
me hetz, on hetz, et es zum Vedrieße,
bes me erjendwann füe de Ahpoaz leit.
Dann hät me endlich unendlech vell Zeit.

De Schüez von de Jrooß

Mie Pänz han de Jrooß nie ohne Schüez jesehn.
Die woa oos vetraut on mie fonnen se schön.
Se woa schwazz met kleine bonte Blöömche dren
on de Jeooß däät alles en de Schüez erren.

Et Foode, wenn se en de Höhnestall jing
on nooher sammelt se de Eie erren.
Em Jaade plöck se en ihr Schüez de Spinat
on Äppel raaf se eren füe en Appeltaat.

Se wich och domet de Jrömmele vom Desch,
on oos Pänz riff se de Kneutsch ous em Jesich.
Och manch Kendenääsje wue domet jebotz
on der öößere Zibbel woa meistens voll Rotz.

On manch Träänche wue en de Schüez jekriche,
de Jrooß hät oos dann üwwe de Kopp jestriche.
En de Kendheitserinnerong bleiv füe oos
jätt janz besonderes, de Schüez von de Jrooß.

Lebensweisheite

Erinnerunge aan de Bapa Brenner

Et jit kein jrüüße on schlemme Leid,
wie dat, wat me sech selefs aandeit.
Dat krooche me at als Pänz jesaat,
wemme oos ous Frackeschkeit jätt kapott jemaat.
Beleidech sen, dat es kein joot Woat,
dat streich me et bäss ous em Woatschatz fott.
Denn domet schaad me sech selefs am meiste.
Denne andre es dat Wuesch, vesteis de.

Nue wemm de Schoon pass, der deit en sech aan,
on do es bestimmp och jätt Wohres draan.
Me moß sech net jleich üwwe alles kränke,
me soll vell leewe ze iesch ens denke.
Hät me jätt aanjestallt, moss me och dozo stohn,
net ob andre jeschupp, dat kann keine vedroon.
Die Zupp, die me sech selefs enjebrock hät,
löffelt me selefs ous, och wenn se net schmeck.

Fähle sen net schlimm wemmme jätt drous liert
on se flöck widde jootmäät, wie et sech jehüet.
Och von de Fähle andere soll me liere,
me kann se jo net all selefs ousprobiere.
Met Traatsch kamme vell Unfredde stefte
on och de bäste Fröndschaff vejefte.
Füe de eije Poaz fääje wöa aanjebraat,
bässe zevell jejässe, wie zevell jesaat.

All dat däät oose Bapa oos liere,
on dofüe broucht der net ze studiere.
Dat kom bei imm nue esu ous em Häzz,
on woa füe oos Pänz kein läddech Jeschwätz.

45

E säät: "Jede es senges Jlöckes Schmitt,
packt et nue richtech aan, dat et och jätt jitt.
Et Jlöck besteiht net ous Reichtum on Jeld,
Zefreddeheit es et Jlöck en de Welt.
Dröm set zefredde met demm wat e hat,
net all Minsche ob de Erd wearen satt.
Met jeize on schrämpe fangt janet iesch aan,
Am Duudehemp sen kein Tösche mie draan.

Vedraacht ööch Kende, et Lewwe es kuet.
Maat kein Jedööns öm nöüs, hamme off jehuet.
Probleme kamme lüse wemme drüwwe schwaad.
Wäjen jedem Dreck kott sen, dat es doch kein Aat.
On hadde ööch doch emol zestredde,
lott et net hänge, maat widde Fredde.
Durch Nohdrohn wiet alles zischmol esu schlimm.
Wat iesch nue en Schniiball, es flöck en Lawien.

On die zestüet nue, walz alles kapott.
Et bleiv nue noch Hass, et Vetraue es fott,
on wea sech en Hass on Archwohn verannt,
der hät keine Plaatz mie füe de Vestand.
On wenn ööch de Wut pack, zällt iesch bes zehn
ih dat e drenschloot, on e wead sehn
de meiste Wut es dann at vejange.
Et lohnt sech nemmie Streit aanzefange.

De Zänn kamme och zeije beim Laache,
do kamme net vell kapott met maache.
E fröndlech Lächele kann jede vedraare,
dat leit och keinem schwer ob em Maare.
On jit et em Lewwe ens nöüs mie ze Laache,
moß me vesööke et bäss drouß ze maache.

46

Erjendwo fend sech emme ene Wääch,
jätt joode Wille wöa do janet schlääch.

On wemme janz vezweivelt on mutlos es,
oose Herrjott lött eine net im Ress.
Ob Inn kamme emme em Lewwe boue,
me moss nue janz fass ob Inn vetroue.
Jaa leewe Bapp. - All die jood Liehre von Dir,
me sen De von Hezze dankbar dofüe,
se han Denge Pänz off jeholefe em Lewwe,
dröm hamme se an Deng Enkel weide jejewwe.

Mama

"Mama",- woa et ieschte Wöatche wat me jebabbelt,
wemme als klein Püütche ob denge Schuuß jekrabbelt.
Du häss oos behotsam bei de Hand jenonn
wie me vesookten de ieschte Schrittche ze john.
Die klein Patschhändche dääts de oos faale
on oos liere e fromm Jebettche ze lalle.
Du häss met oos jesonge, jespillt on jelaach
on wemme krank woaren, an oosem Bettche jewaach.

"Mama",- hamme off noch jesaat en spädere Zeit,
manchmol vüe Kumme, doch och off vüe Freud.
Du häss oos dorch de Kendheit on Jurend jeleit,
on oos Pänz e jemütlech Jehöschnis bereit,
wo me jlöcklech sen konnte on och jeborje,
dobei konns Du off net schlofe vüe loute Sorje.
Mir fohlten oos frei, han vell jerolz on jetoob
on och füe oos Frönde woa de Düe emme ob.

Et woa en schlääsch Zeit on Du hatts off Nuut,
Jrompere füe oos ze kreie on Melech on Bruut.

Du häss jeschaff von fröh bes off spät en de Naach,
woas emme zefredde, häss nie jekühmp on jeklaach.
Ech sehn Dech noch stohn met de Schüez am Head,
dobei schlööfs de at esu lang onnesch de Ead.
Doch irjendwann, do owwe, weare me oos widdesehn,
dann es et bestimmp widde wie domols su schön,- "Mama"!

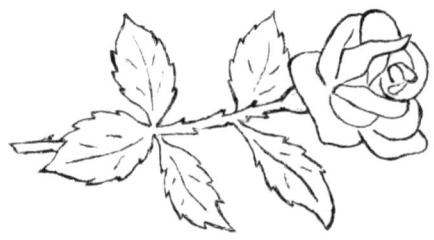

E Zwiejesprääch

"Oma, saach ens,
woröm klopp eijentlech meng Hezz emmefott,
kamme dat aanhaale, ode jeiht dat dann kapott"?

"Jong, deng Hezz dat klopp, domet de et kanns spüere,
ob deng Hezzje solls de emme hüere.
Et weis de nämlech de richtije Wääsch
on säät de jenau wat joot es on wat schlääsch".

"Oma saach ens,
Wie me rööf en de Bösch, esu schallt et zeröck.
Wat soll dat heisse, erkläa me dat flöck"?

"Jong, wemme zeweasch es on zänkisch on vekiert,
dann findt me kein Frönde on wiet och schikaniert.
Doch e fröndlech Woat on ene strahlende Blick,
der kütt jenau esu als Echo zeröck.
Do jit et och noch en andere Sproch,
dat wat me säht, dat eant me och.

Ous Destelsome könne kein Flätte waaße
on wo de Krobes sääs, wies och keine Rase.

"Oma saach ens,
Wie wiet me eijentlech wämme jruß es reich,
es dat schwieresch, ode es dat leich"?

"Me säht, wer nöüs erjaunert on och nöüs erv,
bleiv ene arme Döüwel bess e sterv.
Doch jläuv me, reich Löck han och ihr Sorje,
on reich Pänz sen net emme jeborje.
Wenn de fleißesch bes on och zefredde,
wiesch de emme zerääch kunn em Läwwe.
Vesöök nue ous allem et Beste ze maache,
bes joden Mots, on veliern net deng Laache".

"Weis de, - manches wat ech de jetz däät sohn,
wiesch de iesch wenn de jruuß bes vestohn.
Doch eint will ech de ob de Wääsch noch metjäwwe,
on dat solls de de merke füe et janze Läwwe.

Met Alle kanns de deile deng Freud,
on och üwwe jede Blödsinn laache.
Met winnesch Treue nue deil deng Leid,
do moss me at kleine Ousnahme maache.

Äwwe deng Hezz, dat haal füe Ein nue bereit,
füe Ein, der de kanns von Hezze vetroue.
on die dech jern hät on och vesteiht,
met der kanns de dann deng Zokunnef obboue".
"Jo Oma".

Ene Schoppe Weng

De Opa woll senge halefwüchsije Enkele et Lewwe äklääre. Er stallt en jruuß Komp metten ob de Desch, nohm sech en Böggel met Jrompere on schott die en die Komp eren bes se randvoll woa. Dann freeche seng Enkele: "Es die Komp voll"? "Jaa", saaten die einstemmich. Do nohm de Opa en jruuß Tött Eaze on däät die üwwe die Jrompere streue on die Eaze schibbelten dozweschen on dääten de Hohlräum ousfölle. "Es die Komp jetz voll"? Woll de Opa wesse. "Jaa", reefen die Pänz widde. Do nohme en Bloos met Zucke on däät denn och noch ob der Komp vedeile. E däät e besje röddele on der Zucke rieselt zweschen de Jrompere on de Eaze. Die Enkelkende laachten on meinten: "Jetz es se äwwe richtich voll". De Opa jriemelt stell vüe sech hin on schott noch ene Schoppe Weng üwwe dat Janze. "Der jode Weng", reef de älste von de Enkele, "joot dat de Oma dat net jesehn hät",

Dann fing de Opa aan ze äklääre: "Dat janze soll ööch Zokonef bedögge. Die Jrompere sen et wichtichste em Lewwe. Die stohn füe die Jruuse Denge, wie de Famillich, spääde ööch Ehepartne on de Kende, och de Jesondheit on de Beruf, füe alles wat esu wichtech es, dat et wieh deit wemme et veliert. Och de Herrjott sollte me net vejääße. De Relion hüet och bei die wichtije Saache, och wenn vill jläuwen se kömen de ohn besse zerääch. Seht zo, dat die Jrompere emme joot jedeie.

Die Eaze sen net janz esu wichtich. Die sen füe Hous, Hoff on Jaade, et Auto, de Uelaub, Katz on Hond on all die klein on jruuß Sorje die sech üwweall dozweschen schleiche.

Dann hamme do noch de Zucke. Dat es der janze Kleinkrom womet me oos Lewwe aanfölle. De Hobbys, on all die Saache die eijentlech jaanet esu wichtech sen, äwwe trotzdem schön on die oos et Lewwe vesöößen.

Doch denkt emme draan, Die Jrompere sen et wichtechs. Wenn e

Ze iesch de Zucke on de Eaze en die Komp föllt bleiv füe die Jrompere, alsu füe die wirklech wichtije Saache em Lewwe ze winnech Plaatz".

Die Pänz simelierten still vüe sech hin, do reef de jöngste von de Enkele: "Opa, dou häss de Weng vejääße"! „Tja, der Weng", saat de Opa schmunzelnd:

„Wesst e, zweschen all der jruuse on kleine Saache, de Hobbys, der jruuse on kleine Sorje die sech üwweall dozweschen schleiche, on all demm ville Kleinkrom der sech em Lewwe aanhäuf, sollt emme noch Plaatz sen füe ene Schoppe Weng".

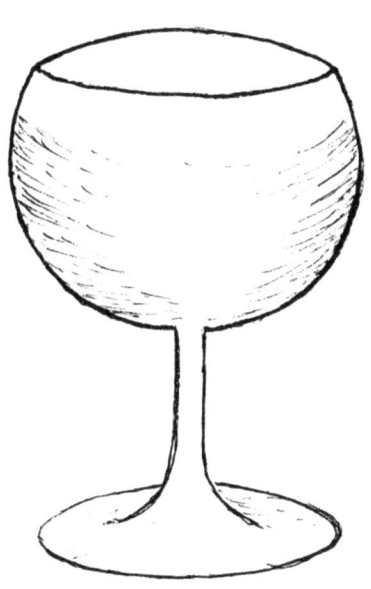

Oos Ditzje

Willkunn, du klein Ditzje, bei oos ob de Welt
et es alles füe dech zom Beste bestellt.
Du Jeschenk vom Himmel, nou bes de Deheim
on leiß he em Körvje su hileflos on klein.

Wemme dech aankick wiet et Hezz einem warm
me mööch dech knuddele on weeje em Arm.
me mööch dech vüe allem Büse beschütze
on deng winzech klein Jesiechtelche bütze

Du bes noch weit fott, deis met de Engelche laache.
Doch manchmol deis de at deng Bömche obmaache
on kicks janz veloare en de Welt eren.
Wat seihs de nue? Du kleine Sonnescheng.

Du klein Böndelche Hoffnung en oosem Läwwe,
oose Herrjott mööch de nue Jodes jäwwe.
Er mööch dech behööde ob all denge Wääsch
on helefe, wenn et de jeiht dreckisch on schlääsch

Er mööch dech bejleide zo jeder Zeit,
dech draare, wenn de Wääsch ze beschwealech on weit,
bes de irjendwann john wiesch, zo Imm zeröck.
Doch nou schlof schön on dräum, du klein Pöngelche Jlöck

Enkelche

Kend von mengem Kend, ech weejen dech zäatlech em Arm.
Du klein Pöngelche Läwwe, janz mollesch on warm.
Du brengs me vejangene Zeide zeröck,
ech spüren wie domols et jleiche Jlöck,
du Kend von mengem Kend.

Du bes Erinnerong on Zokunef füe mech,
e Stückelche Hoffnung on Zuvesich,
e klein besje Wehmot on janz vell Jlöck,
jo, och du bes von mengem Läwwe e Stöck,
du Kend von mengem Kend.

Nou määs de deng Äujelche ob, janz weit,
ech sehn dren meng eije Kend, füe langer Zeit.
on ech spüeren deef drenne, beim ieschte zaate Kuß,
dat ech och dech, klein Stömpche, von Häzze jean han moß,
dech, Kend von mengem Kend.

On ech well danke on zom Herrjott bädde,
dat e sech denge aannitt füet janze Läwwe.
E mööch dech ob all denge Wääsch tröülech lenke
on de e Hezz voll Sonnescheng schenke,
wie mengem eije Kend.

53

Oos Pänz

Kendejebabbels

De Jerd woa parat füe de Kendejade on woll jrad aan de Düe erous john, do reef ech en zeröck: "Waat ens, me han doch noch janet jebett, et Schutzengelche moss doch metjohn!" Do meint er janz drüsch: "Och nää, ech john leewe allein."

Ech hat Bienestech jebacke. De Jerd hat intrisiert zojekick, on wie der Kooche veadesch woa meinte: "Der maach ech äwwe net." Ech freesch: "Woröm dann net, der schmeck doch joot?" Drop er: "Do sen äwwe Mandele drop, noher sen die enzündt on dann wearen ech krank."

Wearend de Olympiade freesch de Jerd: "Mama, sen die Joldmedallje eijentlech äsch?" Drop saat seng Brödeche janz spontan: "Kloa sen die äsch, sons dääten die sech doch net esu dodröm zänke."

De Jerd woa en de Scholl kunn. Am drette Daach kome heim on meint: "Wenn ech ens jruß sen, dann wearen ech och Lehre". Ech säät: "Dann moss de äwwe fleißesch senn, denn do moss de jo janz vell wesse". Do meint er: "Och, dann wearen ech nue Lehre füe et ieschte Scholljohr, dann brouch ech net esu vell ze liere".

Von de Scholl woa ene blaue Breef aankunn. Dren stond, dat der Jong arch onröüisch wöa. E dät schlääsch obpasse, vell eröm wibbele on de Onderich stüere. Nodemm senge Bapp en sech vüejenonn on imm öandlech de Worm jesäänt hatt, meint de Klaus janz höösch: "Jerd, saach dengem Lehre e soll nächstens Sondermarke ob de blaue Breef dohn, dann freut de Bapa sech."

Wie me no Ahweile jezohre sen woa en oose Nopeschaff, do wo fröhe em Miesse Franz seng Jäadnerei woa, e jruß Dreesch voll Jeströpp on Bröhnessele, on mettendropp stond ene jruse Fliedebaum. Aanfang Mai, wie der aan ze blöhe fing, ropp sech jede der langs jing e paa Äss erav, on en kuete Zeit woa der Baum nue noch ene zeroppte Kröppel. Nue en de öwweschte Spetz, wo kein Minsch mie draankom, woaren noch schöne Blööte. Dann, am Mottedaachsmorje en alle Herrjottsfröh, stond oose Jerd füe mengem Bett met ene decke Büed Fliede. E hat Arm on Bein zekratz on zeschunde on meint janz tröü: "Vell Jlöck zom Mottedaach, der Strouß hät zwaa kein Jeld jekoss, äwwe arch vell Möh."

De Jerd hat e aal Fotoalbum äwisch on janz intresiert dren eröm jebläddert, ob eimol freesche: "Mama? Bes du dat he ob demm Bildche?" Ech säät: "Jaa, dat sen ech." Do bekicke et sech noch ens janz jenau on meint: "Du woas jo noch nie schön, äwwe wennestens simpatesch."

Ech woll et Höffje fääje, on de Markus, vier Johr alt, woll me helefe. "Oma, jiss de mir der Bäsem?" Ech säät: "Enää, der Bäsem brouchen ech, du kanns he mem Handfääje kehre." "Ech well äwwe der jruuse Bäsem han." "Och Jong, der es doch vell ze lang füe dech, mem Handfääje jeiht dat doch vell besse." Drop er: "Wenn ech der jruuse Bäsem net kreijen, john ech widde bei de Mama:" "Joot," säät ech, "dann jeihs de jetz widde bei deng Mama." Do säät er janz empört: "Ech well äwwe he bleiwe!"

Eimol woa me jet hinjefalle on onnesch de Bank jeschibbelt. Ech säät füe de Markus: "Kanns du me dat obraafe, du bes klein on kanns besse dodronnesch krabbele wie ech"? Do säät er: "Äwwe du kanns besse kicke, du häss ene Brell aan".

Der Klein woa samsdaachs morjens ob de Stroß spille, do hat de Noopeschfrau en jefrooch: „Wo es denge Bapa dann at esu fröh hinjefahre„? Do säät er: „Der es met mengem Onkel noh Holland an et Meer füe ze tauche". Do meint sie: „Bleiwen die zwei dann länge"? Do üwwelaach er on saat: „Ech jläuv net, de Bapa hät nue ein Ondebotz enjepack„..

Et Christina hat intresiert zojekick wie seng klein Vetteche de Wendele jeweaßelt krooch on saube jemaat wue. Do römp et de Nas on meint: "Wenn ech jruuß sen well ech jo och e klein Kindche han, äwwe keint wat esu stink".

Bekannte von Christinas Eldere hatten sech scheide losse on der Mann woa ousjezohre. Dat konnt et Christina net vestohn, dat ene Vatte einfach seng Kende em Ress losse konnt. Wie senge Bapa ovens von de Arbeit kom hät et sech vüe en jestallt on janz vüeworfsvoll für en jesaat, „wenn dou de Mama ens nemmi jean häss on dech scheide löss, brouchs de äwwe net ouszezehje. Dann kanns de doch onne em Kelle schlofe.

De Florian woa knapp fönef Johr on woa met senge Eldere dei Mc Donalds. Ob eimol freesche: "Mama, woröm wiet Mädche nue met zwei Buhstabe jeschrewwe"? Do meint seng Mama: "Mädche wiet doch net nue met zwei Buhstabe jeschrewwe, dat sen ere doch sibbe", on däät se imm einzeln obzälle. Doch er schüddelt mem Kopp: "Enää, Mädche wiet nue met zwei Buhstabe jeschrewwe". Do freesch sie, wie e dann dodrop köm? Do säät er: "Ei do steiht et doch", on zeisch mem Fenge ob dat Mädche ob de Lokusdüe, do stond WC drüwwe.

E Andemol woa de Florian och Sonndaachs met senge Eldere beim Mc Donalds esse. Anschließend hätte om Spillplaatz eröm jedollt on hät e Schaukelbrett vüe de Kopp krääch. Do hatte en deck Platzwond on se mooten en et Krankehous füe die ze nähe. Weil e dobei esu brav woa on esu schön still jehaale hät, doosche sech noher jätt wünsche. Do hätte sech jewünsch owends noch ens bei Mc Donalds ze john. Wie e noher schlofe jing, woll seng

Mama en noch jätt bedoure wäjen senge Plötsch am Kopp, do säät er mem stralende Jesiich: "Höck woa de alleschönste Daach en mengem Lewwe, höck woa ech zwei mol beim Mc Donalds".

Nodemm die Pänz am Ustemorje em Jade de Usteeie jesook hatten, meint et Vera: „Oma, et Ostehäsje es et Haustier vom liebe Jott."

E andemol meint et Vera: „Wenn ech jruuß sen, well ech Mama weare". Do säät dat klein Elena: „Ech wearen äwwe leeve Oma".

Et Andrea woa jrad vieronehalef Johr alt on e janz luus Denge. Et däät de janze Daach vom Chresskinche struddele on senge Mama e Loch en de Bouch froore. Schließlech meint seng Mama: "Me mössen em Chresskinche och noch ene Wunschzäddel schreiwe, dat dat weiß, wat et de brenge soll". Do meint it janz tröü: "Och, - Et Chresskinche kann jo ens alles metbrenge, dann sööken ech me ous wat ech brouche kann".

Et Andrea on de Florian hatten e klein Vetteche krääch, dat mooten se natüelech einjehend bejutachte. De Florian, domols aach, saat janz vezück: "Es dat sööß, ech will och noch esu e klein Kindche han". Do meint seng nöngjöhrich Schwesteche: "Dann moss de de en Frau sööke, am beste ein die at trächtisch es, dann jit et och jätt".

De Adrian konnt sech at janz allein aandoon on woa och saube. Nue ab on zo däät at ens e Mallör pasiere. Eimol kome morjens fix on feadesch aanjedoon eraff on saat: „Ech han höck ens zwei Ondebotze aanjedoon, wenn ech dann en de Botz maachen, han ech noch ein en Reserve".

Met dreionehalf hatte en de Zeidong e Bildche von enem kleine Jong entdeck, der sohch ous wie er, nur jet jrüüße.Do reef er janz bejeistet: "Kuck emal Mama, dat ben ech wie ech emal älter war".

57

Wie de Paps jestorwe es woa de Adrian jrad vier. Owends beim fernsehe hatte intrisiert bei der prunkvolle Beerdijung zojekick on der schön jeschmückte Sarch bestaunt. Noher hatte für seng Mama jesaat: „Wemme tot es kommp me janit in de Himmel, dann kommp me in en Schatzkiss on wird in de Erd vejraabe".

Met fönef hätte et "Vate unse" nöü ousjelääsch. Morjens beim Fröhstöck hatte am Desch eröm jehampelt on de Kakau veschlabbert. Do hät seng Mama met imm jeschannt, er soll besse obpasse. Do säät er: "Dat bes du schold". Do meint sie: "Wisu sen ech dat schold, ech woa doch janet am Desch"? Drop er: "En dem Jebet heiss et, me soll de Schold verjeben, on jetz hab ech die an dich verjeben on deshalb bes du dat schold".

De Patrick, jrad vier, woa met senge Eldere em Urlaub en de Alepe. Do hätte die jewaltije Felse aanjestaunt on jefrooch: „Mama, sen die hohe Berch am Himmel fessjemacht?

Der Klein stond om Jaademöüeche on woa sech jrad de Botz am obknöppe wie seng Mama an de Housdüe erous kom. Do saat die janz entsetz": Patrick, du wiers doch net von do owwen erav en de Jaade pinkele". Do säät er janz drüsch: „Ech pinkelen net en de Jaade, ech pinkelen emme newenaan ob et Grondstöck".

De Tobias woa noch kein vier, do wolle von senge Mama wesse wodran seng Uroma jestorwe es. Do hät die im äklärt dat seng Uroma Krebs hat, on dat dat en janz schlemm Krankheit es wo de meiste Löck dran sterwe. On wodran es de Uropa jestorwe, woll er wesse? Denge Uropa hät en Schlaach jekrich on es duut ömjefalle. Drei Woche späde hätte sengem Bapa zojekick wie der et Aquarium saube jemaat hät, do hätte demm vezallt:"Mein Uroma, die hat en Krebs em Bauch jehabt, der es eso lang dodrin erum jeschnorchelt bes se tot war". On de Uropa hat seine Finger janz tief in de Steckdos erein jesteck, da hatte en Schlaach jekrich on is tot umjefalle".

E Obkläarungsjesprääch

Oose Jong woa domols noch ene kleine Spineekes von vier Joa, on e woa et ieschtemol met oos ob enem jruse Bouerehoff. Do joof et jo esu vell ze kicke. Besondesch en de Veeställ, de Pead, de Köh on die kleine Källevje. On em Söüstall all die velle Wutze, wie se sech em Dreck wänzelten on jrunzten on em Foode eröm schmatzten on knattschten. Ob einmol blev der Klein vedutz stohn on reef janz objerääch: "Mama, komm ens flöck kicke, wat maachen die kleine Nukkesje met der jruse Nukkes?"
En der Box looch en Sou on seuch elf kleine Ferkelche. Der Klein stond wie aanjewuezelt dovüe on konnt net jenoch kicke wie die Wutzje ömenande ballischten on wuselten on an der Zitze öröm schlüppten on schnuggelten. "Wat maachen die," freeche noch ens. Ech säät: "Die drenken Melech bei ihre Mama:" On dann jing die Frorerei loß.
"Woröm drenken die Melech bei ihre Mamma?" Ech säät: "Weil die Ferkelche kohldampf han. On die können jo noch kein richtech Foode frääße, dofüe sen die noch vill ze klein." Dann kom, "han all Dier Melech füe ihr Kende." Ech säät: "Net all Dier äwwe vell, de Pead on de Köh, de Schoof on de Kneng. Och de Jaiße han Melech füe die kleine Limmesje."
Do meint er: "Han Höhne och Melech?" "Nää, Jong, Höhne lääjen Eie on bröden die ous. Die kleine Pippche können direck Köanche pecke wenn se ous em Ei krouche."
"Lääch ene Elefant och Eie?"_"Nää, die Elefante kreijen kleine Elefäntche, on die han och Melech füe ihr Elefantekende."
Dann kom ein Dier noh demm andere, Hönd on Katze, Vüjjel, Möüs on Ente, e Krokodill, ob se Melech füe de Kende han, odde ob se Eie lääje. Ob einmol stutze on freech: "Häß du och Melech?" Ech säät: "Wenn ech e Kindche kreije, dann han ech och Melech dofüe. Su e klein Ditzje kann jo noch kein Stöck met Prommeschmea futtere wie du." Do besohche mech von owwe bes onne: "Wo häß du die dann, em Bouch?" "Nää, Jong, en de

59

Broß hät de Mama de Melech füe ihr Kindche." Do bekicke mech noch ens janz scheeal von de Seit on meint: "Häß du dann do och esu lange Zibbelche draan wie die Nukkes?"

Ieschte-Hilefeleistung

Me wunnten domols en Remare deräck am Rheng. Hennisch em Hous woa ene kleine Jaade, on dann komen Parkanlare die bes aan et Wasse jingken. De Lieblingsplaatz von oosem Rita, et woa domols jrad vier Johr alt, woa oos Köchefinste. Do konnt me esu schön kicke wie de Scheffe de Rheng oropp on eraff fuhere, on en de Rhenganlare balleschten och off de Pänz eröm, dat woa och emme janz intresant.

Eines morjens hutsch oos Köttelche widde am Finste. Ob eimol säät et: "Mama, do onne es ene Mann ainfach ömjefalle." Ich kicken am Finste erous on sehn zwei Bein ob de Wiss leije, de Ress von demm Mann looch onnesch ene Ruuseheck.

Wat nou? Telefon woa keint em Hous. Do senn ech kuez entschlosse de Trappe eraff jekaasch, öm et Hous eröm, on schnuestracks zo dämm Mann hin jeschröömp. Wie ech der Ass von dea Ruuseheck huuhovv sohch esch e Bild zom Jottsäbarme. Der Mann hat et janze Jeseech bloodisch on looch met de Nöll en ene Blootpütz. Er schlooch de Kopp ständesch hin on her, on jedesmol met senge Visaasch en die Döarn von dämm Ruusejestrüpp. Do han ech en aan de Fööß jepack on ze iesch onnesch der Heck erous jezohre. Ech han en aanjeschwätz, äwwe der klotz mech nue met weit objeressene Aure aan, odde bässe jesaat, er klotz durch mech durch. Dann schlackert e widde met sengem Däätz hin on her on joov janz komische Stemme von sech, e kühmp on kröcks als wänn en eine avmurkse däät.

Do sehn ech zo mengem Entsätze, dat dat Klein owwe em zweite Stock et Köschefinste objemaat hat on ob de Finstebank eröm turne däät. Füe loute Schreck han ech der Mann leije losse on sen widde nohm Hous zeröck jerannt. Ondewääschs han ech oosem Noope, der woa näwweaan em Jaade, zojeroofe, er soll de Nutdeens aanroofe, do onne lööch ene bewusslose Mann. Doch wie ech janz ouße Öödem owwe aankom, klomm oos Schirbel jrad widde von de Finstebank eraff on säät: "Der Mann es widde opjestanne on ainfach fottjejange."

Ech daach mech krääsch ene Aff, der Mann woa tatsächlich fott. Kuezdrop kom ene Krankewaare, zwei Sanitäte stiejen ous, on oose Noope kom och dozo. Die drei ondeheelten sech zemlech lout on onjehaale on fuchtelten met de Arme en de Jäjend eröm. Do han ech inne zojeroofe dat der Mann objestanne on fottjejange wöa. Die wollten dann wesse wo der jelääje hätt, on ech han jeroofe: "Onnesch der Ruuseheck, wo dat velle Bloot leit."

Do bälekten die zeröck: " He es nerjens Bloot." Ich daach: "Dat daasch doch net woahr sen" on sen widde eraff jefääsch. Wie ech onne aankom, sohch ech vom Krankewaare nue noch de Schlußlichte, on de Noope woa noch doröm am nöttele on am knoarze. Ech sen dann noh der Ruuseheck, von ouße konnt me werklech nöüs sehn, iesch wie ech der Ass huhovv sohch me der schwere Blootklatsche. Oose Noope kick ens, däät mem Kopp schüddele on noch jätt füe sech hin knottere on zoch ab. Dann kom noch en Frau ous de Noopeschaff aan de Ramm jaffe on woll wesse wat pasiert woa. Nohdemm ech ihr dat janze Jedööns vezallt hat, maint se: "Am beste kömmet me sech öm nöüs, dann määt me och nöüs vekiet." Naja,- esu kamme et och sehn. Ech sen dann widde erop en meng vier Wänn.

Zwei Stond späde kom oose Noope Bescheid saare, dat die vom Rettungsdeens sech noch ens jemäldt hätte, der Aanroof wöa berächtisch jewäse, der Mann wöa direk von do ous bei de Dokte jejange.

Su kann et einem john em Lewwe, äwwe ech dänken: "Wenn och der eine Ieschte- Hilefelaistungs Vesuch jröndlech en de Botz jejange woa, et nächste Mol sollt me et doch widde vesööke."

Oos Vüewitznäsje

Me woaren em Uelaub. Oose Jöngste woa jrad fönef Johr alt. Er hat sech met enem kleine Mädche von vier aanjefrönd. Die zwei han de janze Daach zesamme en de Sandkouel jehutsch, ode en de Pötze eröm jematsch on woaren ein Hezz on ein Siel. Eines morjens stond der Klein at vüe aach fix on feadesch aanjedohn an oosem Bett on meint: "Ech john jetz bei et Katrin spille." Ech säät: "Jong et es doch noch vell ze fröh, dat Katrin schlööf bestimmp noch." Setz dech en deng Spilleckelche on bou jätt met denge Legos." "Och nää," meint er, "ech john ens kicke," on heesch ab. Kuez drop kom e widde, er saat nöüs, vedröck sech stekum en seng Eckelche on däät janz braav met senge Klötzje spille. Ech daach bei me, "do es bestimmp jätt schiefjelaufe." Noher vezohl em Katrin seng Motte, "Der Klein hat janz höösch aan de Düe jeklopp, do hät sie jefrooch, wer es do?" "Ech, ech will mem Katrin spille." Do meint sie: "Ech kann dech noch net ren losse, ech han noch jaanöüs aan." Drop er. "Dat weiß ech, dat han ech at durch et Schlösselloch jesehn."

Em Messdeenezeltlare

Oose Jöngste woa nöü bei de Messdeenere on doosch et ieschtemol met en et Zeltlare fahre. Wat hatte en Freud. Met Bejeisterung hätte senge Krom zesammejesook. E paa Botze, ene Pöngel Pullis on Ondewösch, ene Ärbel Strömp, e Paa Schlüffje füe drinne on Kalosche füe drouße, ene Zweete met lang Maue füe fies Wädde, ene Böggel met Seif, Wöschlappe on Zannbüesch, on zejodelätz ene Koffe, wo e der janze Klumpatsch eren jestopp hät. Dann han ech en noch met joode Rotschlääsch vesehn: "On dat de dech och morjens öantlech wöschs on dat de de de Zänn botz on och frische Saache aandeis. Dat de et net esu määß wie vörich

62

Johr denge Frönd, der hat et Köffeche met de Klamotte üwwehaup net objehat on et senge Mamm jenau esu widde met heim braach, wie sie et imm enjepack hatt. Ech mööch net dat de do wie esu en dräckisch Wutz eröm strolchs." "Ech weare me Möh jenn," hatte me do vesproche. Dann han ech en aan de Bus braach, on er hät me noch laachend zojewonke wie se avjefahre sen.

Aach Daach spääde komen se widde heim. Der Jong kom erenn jesturwelt, dräckisch äwwe jlöcklech. Wie e Halefjehang sohche ous. Et Ondehämp hatte halef aan de Botz erous hänge. Seng Wööbche woa beknöös on beklännes, de Botz zweschen de Bein bes aan de Knee met Lehm bekletsch, als wänne sech beim john de Föhß dran avjebotz hät. On seng Hänn on Fööß, naja,- rein woaren se net jrad.

Do sohch ech datte nur eine Stromp aanhat. Ech freesch: "Wo häs de dann der andere Stromp jelosse?" Do kicke janz scholdbewuß drenn on fing aan ze töttele: "Der, der han ech veloare." "Wie kamme dann ene Stromp veliere?" "Och, der es at vüejeste em Schwimmbad fottkunn, ech han en üwweall jesook on han en nemmie fonne." Ech säät: "Woröm häs de de dann kein nöü Strömp aanjedoon?" Do meint er jätt velääje: "Ech han doch seit demm de Schohn nemmie ousjehat."

Do konnt ech nue de Kopp schüddele: "Wie kamme dann met de Schohn aan de Fööß schlofe john?" Dropp vezohl er janz bejeistet, datte de letzte paa Nääsch met e paa äldere Püesch em Bösch en de Bäum jeschlofe hät. Se hätten sech de Schlofsäck met ener Koad in ener Assjavvel faßjefraidelt, do hät me drin jeläje wie en ener Hängematt. Dat woa esu schön, do konnt me Naachs de Steane kicke bes me enjeschlofe woa, on morjens komen de Mädche kicke, ov me noch owwe hinge, on net eravv jeballisch woaren wännisch de Naach. Ech säät: "Ihr hat doch nöüs wie doll Füez en öjem Dääz. Äwwe eint kann ech net beköppe, wie me sech emmer esu dräckisch maache kann." Do meint er janz tröü: "Dat maachen ech doch net extra, dat kütt emme janz von selefs."

Der Dotz on senge Schniemann

Menge Enkel, knapp vier Johr alt, kom morjens erüwwe, "Oma, et hät jeschneit, bous de me ene Schniemann?" Ech säät: "Jo Jong, dat es en joot Idee." Ze iesch hamme om Speiche en de Klamottekeß ene schöne bonte Schal on ene jruse schwatze Hot jesook, on en de Knoppdoos e paa decke Knöpp füe ob de Bouch on e paa jlänzende füe de Aure. Dann hamme oos ene Bäsem jeholt, er senge kleine on ech menge jruse, on han de Schnie ob de Terrass zesammejefääsch. E hät jrad jelank füe zwei decke Kurrele füe de Bouch, on für an jede Seit en Arm. Dann hamme noch ene Schnieball ob de Wiss eröm jeschibbelt füe ene schöne decke Schwälles, der kom dann noch owwendrop.

Metten en et Jesiech hamme em en schön deck knubbelich Schnienas jedout. Dann krääche die decke jlänzende Knöpp als Aure, on ene Schnörres ous Pampasjras. Füe de Zänn hamme Stein jenonn. Zelätz wue de Schal öm de Hals jefraidelt, de Knöpp ob de Bouch jepömp on der schöne schwatze Hot ob de Kopp jestölep. Dann krääche noch demm Klein senge Bäsem en de Arm on feadech woare.

Et woa ene richtije staatse Kabäänes, jenau esu jruß wie menge Dotz, on dubbelt esu deck. E jrins oos richtich aan met senge jlöhnije Kulleraure on senge schwatze Zänn. Der Klein stond defüe on jrins zeröck, on dann hätte en ens janz füesechtich jestreichelt. "Jetz john ech widde bei de Mama," meinte on zoch ab. Ech jing dann och widde en et Hous, doch et douert koum fönef Minutte, do leef der Klein am Köchefinste vebei in de Jaade. Ech sen flöck ob de Balkon öm ze kicke watte jetz määt.

Do stond menge Stropp füe demm Schniemann, de Hänn ob em Röcke on bekick en sech jröndlich von owwe bes onne. Dann jing e öm de Schniemann eröm on besohch en sech von alle Seite, on dann hätte en noch ens vürsechtich jestreichelt.

Dann nohm e im de Hot vom Kopp on hing en üwwe de Bäsem. Äwwe aanscheinent jefeel im dat net. E zoch en widde eraff, doch dobei feel der Bäsem öm. E woll en widde obstelle, äwwe der heelt net mie, der Arm woa met affjebroche. Do satze sech selefs der Hot ob de Kopp on jing noch ens öm de Schniemann eröm. Do rötsche ous on plums sooße om Bobbes. Jetz wue e Stöckelche jebautz, äwwe nur e janz kleinet, et woa jo keine do der en bedoure däät. E stond widde ob, nohm sech der Hot on stölep en dem Schniemann von vüe üwwe de Kopp. Dobei feel die Knubbelnas on de haleve Schnäuze eraff. Jetz nohm e de Hot widde dovon on dobei jing noch ein Auch fleute.

Der arme Schniemann, e sohch janz belämmert dren, einäujich, ohne Nas, mem haleve Schnörres. Menge Dotz besohch en sech krittisch. Dann raaf e die Nas ob, bekick se sech von alle Seite on dout se dem Schniemann widde metten en et Jesiech erenn. Nur e bitzje ze hööstesch. Der Kopp fing aan ze waggele on ballesch no hennen eraff. Jetz looch e om Boddem on wor jebasch. Der Klein pack sech der Hot on schmeß denn noch owwen drop, dräht sech om Absatz eröm on heesch ab. Kuez drop stond e janz bedröppelt füe de Düe:

"Oma, der Schniemann es kabott jejange." Ech säät:" Jong, wat häs de dann jemaat?" "Nix, ech han en nur jestreichelt."

De Froleichnamsprozessjun

Die Prozessjun es och net mie dat wat se woa,
et es net mie die Oadnung wie en fröhere Johr.
Höck es dat nue noch ene jruse bonte Haufe,
der hennesch em Baldachin her deit laufe.

De Mannslöck reihen sech zweschen de Fraulöck en,
on alles läuf durjenande su füe sech hin.
Von vüe wiet jebett, on am Schluß don se senge,
die en de Mette sen still, wie soll dat och klenge.

Aan de Stroßerände stohn de Löck on jaffe,
anstatt sech ens zom Mettjohn obzeraffe,
Och vüe de Altäare, dat fennen ech schlääsch,
stohn de Zuschaue de Prozessjon em Wääsch.

Wat oos fählt, füe de Löck jätt zerääsch zeweise,
es de Kniepse Mechel, oose Kircheschweize.
Vüem Alleheilechste kneet sech och keine mie,
me könnt meine, se hätten höck all steiwe Knee.

Wat woa dat doch fröhe en de Stroße su schön,
fass an jedem Hous woa e Altäache ze sehn.
Höck don se em Heiland nue noch spaasam schmücke,
zweschen de Altäache wearen emme jrüße de Lücke.

Doch wenn zom Schluß en de Kerech et Tedeum äschallt
on dann der janze Jubel vom Altaa widdehallt,
wünsch me sech doch, dat noch füe en lang Zeit
der schöne Brouch Jott on de Menschheit efreut.

Eantedank

Moss me höckzedaach füe de Ean noch danke?
Et jit doch alles, onbejrenz on ohne Schranke.
Haufeweis kreit me et Obs on et Jemöös,
on Brut on Brütche, jroff, feng on och sööß.
Me kreit doch höck alles möndchesmooß serviert
on wat net wies, wiet met vell Chemie produziert.
Woröm solle me danke füe der Üwwefluss,
wo me doch suwiesu alles bezahle moss.

Odde -? Brouche me de Herrjott donnoch am Änn,
füe joot Wädde ze sorje, Sonn, Wend on Rään?
Füe Fross on Haarelschlaach fean ze haale,
dat de Knoppe on de Blööte net vekaale?
Dat em Jaade de Öllesch on de Schloht net kröötsch
on et net en de reife Fruuch (Getreide) eren trötsch?
Dat alles joot waaße kann on jedeie
on mir oos ob en voll Ean könne freue?

Denn wemme em Summe durech de Flure jeiht
on de Sonn hu üwwerem Ährefeld steiht,
dann spüet me, dat all die joldije Praach,
de Herrjott doch nue füe oos Minsche jemaach.
Wenn de Appel - on Prommebäum vüe Lass sech bieje,
de Bromele on Himpere em Wend sech wieje,
on de Drouwe samtesch jlänze aan de Ranke
dann mööch me rofe: "Leewe Herrjott! **Danke!**"

Basar en Sank Lorenzius

At widde es e janz Johr vejange.
Mir Laurenziusfraue han aanjefange
zom ieschte Advent de Basar ze richte,
on ech moß noch e Spröchelche dichte
on flöck vezälle wat ööch do erwaat.
Et jit net nue Kaffe, Torte on Appeltaat.
Et jit en janze Rickel schöne Saache,
womet me Chresdaach Freud kann maache.

Jebasteltes, Jenähtes on Jestricktes,
selews jebackene Plätzje on Jesticktes.
Et jit Essisch on Mostet noh Uromas Aat,
Mamelaad on Chatney och selews jemaat.
Och Bibelkoche, met samp em Rezäpp,

Rezept

Bibelkuchen:

Um Dich einmal auf ganz originelle Weise mit der Bibel
zu beschäftigen, kannst Du versuchen, einen
Bibelkuchen zu backen. Das Rezept kann uns dabei
helfen, eifrig in der Bibel zu blättern.
Und wo etwas nicht ganz eindeutig ist, mußt Du nach
bestem Wissen und Gewissen beim Backen selbst
entscheiden.

Man nehme:

1,5 Tassen Deuteronomium 32,14a	2 Tassen	Nahum 3,12
6 Stück Jeremia 17,11	1 Tasse	Numeri 17,23b
2 Tassen Richter 14,18a	1 Prise	Levitikus 2,13
4,5 Tassen 1 Könige 5,2	3-4 Teelöffel	Jeremia 6,20
2 Tassen 1 Samuel 30,12a	3 Teelöffel	Backpulver
0,75 Tasse 1 Korinther 3,2		

Zubereitung
Man befolge den Spruch Salomons:
Sprichwörter 23,14a

Ein Tip:
Ein 1-Pfund-Glas Honig (das Volumen von 2 Tassen)
braucht ein Päckchen Backpulver.
Der Teig ist ziemlich flüssig.
Backzeit: etwa 1 Stunde und 30 Minuten.

Und wenn's ans Kuchenessen geht, gilt Lukas 14,12-14.

kutt ruhisch ens kicke, dat es keine Nepp.

Och Pollovere jit et met Streife on Route,
on met Jrööns on Keaze jeschmöckte Knoute,
Jestickte Kaate jit et, füe de Fessdaachsjrööß
on Fooßwärmere füe Omas kaal Fööß.
Ode füe de Pänz e Paa wöllene Schläppche.
Och e Jesukindche em Weggekreppche,
met de Mottejoddes on em hellije Jupp,
ode füe et Leevje en staatsjemaat Popp.

Et jit och Kurrele, Engelche, Zappe on Kränz,
warm Socke füe de Bapp on de Pänz.
On noch villes andre wat ööch jefällt.
De Erlös es widde füe de Dritte Welt,
denn Nuut on Elend jit et üwweall
ob oosem jruuse ronde Erdeball.
Füe vill Pänz es Chressdaach nue en Draum,
die können net senge beim Weihnachtsbaum.

Die lewwen en jrüßte Armut on Nut
On freuen sech üwwe e Stöckelche Brut.
An "Die" sollte me och at ens denke,
wenn mir oos am Fessdaach reich beschenke.
Dröm kutt ens vebei, et lohnt sech bestimmp.
On wenn jede nue en Kleinischkeit nimmp,
e Paa Pottlappe, e Lavendelsäckche,
E paa Steanche, ode e Weihnachtsdeckche.

Ode füe et Ditzje en Schlabbelatz,
dann wör all oos Arbeit net füe de Katz.
En de Zehntscheue om Ahweile Maat,
do hamme at alles füe ööch paraat.
Dröm kutt doch ihr Löck on kickt ens eren.
Tschüß, bes Samsdaach ode Sonndaach ab zehn.

De Sonndaachs-Präädech

Öm ab on zo och füe et Sieleheil ze sorje,
john de Löck en de Kerech am Sonndaachmorje.
Füe ze bedde on aanzehüere Joddes Woat,
setzen se fromm zesamme am hellije Oat.
Doch de Pastue hat koum mem präädeje aanjefange,
es ein Auch nohm andere langsam zojejange
on wearend alles su stell vüe sech hin meditiert,
kom em Pastue seng Katz de Jang erop stolziert.

Behääbesch satz se ein Föötche vüet andere hin,
als wöa se janz allein en de Kerech he dren.
Se kick no rääschs, no lenks on widde jraadeous,
me sohch, se fohlt sech wohl em Joddeshous.
Ob eimol jing e Jrommele dorch de Reihe,
wat woa do loss, wodran mooch dat blos leije?
De Löck finge aan sech de Häls lang ze recke,
on die, die enjeschlofe woare, dät me wecke.

En de janz Kerech konnt me et flüstere hüere,
doch die Katz däät sech do üwwehaup net dran stüere.
Schnuestracks schrömp se no vüe, bes bei de Pastue,
se satz sech brav vüe en hin on spetz et Ue.
Janz aandächtesch kick se zo imm erop
on pass joot bei de Sonndaachsprädech op.
De Löck woaren jespannt, wat de Pastue jetz maat.
Doch der jriemelt stekum füe sech hin on saat:

"Dat Dierche, föhlt sech wohl he vüe ob demm Platz,
dat weiß, de Sonndaachspräädech es doch meistens
nue füe de Katz."

Et wichtichste vom Chressfess

Die Dier em Zoo zänkten sech, wat eijendlech et Wichtichste vom Chressfess wöa? Se schwaaten on lammentierten on schrien all dorjenande, dat keine mie e Woat vestohn konnt.
Do stallt de Eisbää sech ob seng Hendebein on reef en de Rond.
"Schluss jetz met demm Jezänks. Schnii es et Allewichtichste, vell Schnii. Esu vell, dat me sech esu richtich dren eröm wänzele kann.
Et jit doch nöüs schöneres wie Chresdaach em Schnii".
"Ech däät äwwe vell leewe en de Süden fleeje, wo et schön warm es", krächts de Kranich. "Vell Sonn on Wasse, dat wöa füe mich et schönste Chresfess".
"Mir jefällt et äwwe he besse," säät et Rih höösch. "Äwwe ene Tannebaum moss ech han. Net ze jruuß, äwwe schön jröön on disch on schnack jewaaße, sons kann ech mech an Weihnachte jaanet freue".
Do höült die Öül janz objerääch: "Äwwe net esu vell Keaze draan. Schön schummerisch on jemütlech moss et sen, dann föhlen ech mech esu richtich wohl".
"Äwwe meng nöü Kleid moss me sehn", rööf de Fau. "Wenn ech Chresdaach kein nöü Kleid kreien, es dat füe mech keine Fessdaach, ech well an denne Feiedääch esu richtich staats sen".
"Schmuck es et Wichtichste", schraatelt de Elste. "Jede Weihnachte kreien ech jätt, ene Reng, e Armband, en Brosch ode en Kett. Schön jlänze moß et on schillere, do han ech menge Spass draan".
"Ene Jänsebroode hüet umbedingk debei", schwärmb de Fuss, on leck sech met de Zong üwwe de Moul. "Su ene richtich schöne, decke, saftije. Wat wöa Chresdaach ohne Jänsebroode"?
"On ene decke Stolle", brummb de Bää, "dat es füe mech et Allewichtichste. Ohne en Chressstolle on all dat andere söößße Zuckezöüch könnt ech jlatt ob Weihnachte vezischte".
"Maat et wie ech", jähnt de Dachs, "penne, penne, penne, dat es

71

et Bäss wat me maache kann an der Feiedääch, sech vekrouche on penne".

"On soufe", rööf de Oas, "sech ens richtich voll soufe on dann hinflappe on ouspenne".

Do krooche von dem Äsel ene saftije Tritt. "Dou Oas, denks dou dann janet an dat Kend"?

"Dat Kend? - Och jo dat Kend. - Natüelech, dat Kend en de Krepp es et Wichtichste vom Weihnachtsfess".

Do meint de Äsel: "Ob de Minsche dat och wissen"?

Nikelaus Owend

Et woa de fönefte Dezembe 1945. De Zoch leef em Ahweile Bahnhoff en, on de Anton klomm möhsilich erous. Dat knappe Johr Jefangenschaff hat imm schwea zojesetz. Doch nou woare deheim, on er mooch sech ob der weide Wääsch en de Stadt. Wie mööch et senge Famillich john, ov se all jesond woare? Ov die Kende en noch kenne dääte ? Se hatten en jo üwwe e Johr net mie jesehn. Et Christienche woa jo jetz at sechs on et Jüppche at sibbe. Se jingen seche beids at en de Schull. Doch wie e dorech de Niddeschpoaz en de Stadt kom wue et Hezz imm warm. "Ahweile, jetz woare deheim".

En de halewe Niddehot konnte at de Kerechtuen sehn on seng Hezz fing schnelle aan ze kloppe. Doch wie e ob de Maat kom on de Ahjass sohch, pack en et kaale Jraue. Die Stroß woa von de Bombe zestüet, on met Entsetze sohche dat von ihrem Hous nue noch de Röckwand stond. Alles Andere looch aan de Ead. Met zidderije Knee schrömp e schnue schtracks en de Addemech. Do däät senge Fröhd wunne, der konnt imm saare wat pasiert woa. Off seng Famillich noch leww, ode en de Ahjass bejrawe woa. De Will hät sech richtich jefreut wie e inn sohch on hät imm jleich vezallt dat seng Frau on de Kende lewwen. Se woaren wennich dem Bombeanjriff met ville Andere ous de Stadt im Tunnell. Jetz wunnen se en de Wolefsjass. Do han se zwei klein

Zemmeche onnech em Daach. De Anton woll sech dereck ob de Söck maache, doch de Will heelt en zeröck. Esu dreckisch wie de bes kannste doch net heimjohn. Wösch dech zeiesch ens jröndlech, on rasier de dat Jestrüpp ous em Jesiich. Die Kende kreien jo sons Angs on denken et köm de Hans Muff, et es doch Nikelausowend.

Nohdemm e sech dann jröndlech jewösche, rasiert on aanjedohn hat, senge Frönd hat imm saubere Saache jejenn, fohlte sech wie nöü on woll sech flöck ob de Wääsch maache. Doch senge Frönd meint: "Ech han en Idee, wie wöa et wenn de als Niklöös vekleid bei deng Puute jings? Mir han doch noch die Nikelausklamotte von oosem Bap, der es doch fröje imme als Hellije Mann en de Höüse jejange". Dann hät de Will die Kess met der Pluute vom Speiche jeholls, on de Anton hät se aanjedohn. Zeiesch dat lange weiße Ondejewand on dann der rude Mantel drüwwe. De Baat wue hennech de Uere fassjefreidelt, on dann kom noch de Bischoffsmötz ob de Kopp. Öm de Hals kroche noch en Kett mem Kröütz jehange, on de Bischoffsstab en de Hand jedout. Do sohche richtich wördech ous.

Wie e üwwe de Maat jing dääten de Löck en janz ihrförchtich jröße. Aan de Housdüe aankunn dröcke ob de Schelleknopp, doch drenne däät sech nöüs. Er dröck noch ens, düsmol jet länge. Do jing owwe e Finste ob on en Frauestemm reef: "Wer es do"? Er reef met vestellte Stemm: "Gute Frau, hier ist Sankt Nikolaus, ich möchte deine Kinder besuchen". "Wer", reef sie, se hat doch jarkeine Nikloos bestallt, dofüe hatten se doch jar kein Jeld. Se lehnt sech weide ous em Finste erous on tatsächlech stond onne de Hellije Mann. Owwe jing et Finste widde zo on jleich drop onne de Düe ob. On do stond se vüe imm, seng Anna, blass on ousjemerjelt. Et leevs hätte se jleich en de Arme jenonn on fass aan sech jedröck. Doch er säät widde met vestellte Stemm: "Liebe Frau, ich möchte deine Kinder besuchen, das Christienchen und das Jüppchen".

Wie se owwe en de Köch kome soßen die zwei brav ob de Bank. Se woaren at veadech füe de Naach. Se kickten met jruse Aure

73

ängslech dren, doch wie de Hellije Mann fröndlech met inne schwätze däät, wueren se janz zotraulech on joven imm brav e Händche. "Seid ihr auch immer schön brav und folgt eurer Mama"? "Jaa"! "Ihr geht ja sicher schon in die Schule, könnt ihr denn schon etwas lesen und schreiben"? Do reef et Christienche: "Ich kann schon Mama und Papa schreiben und auch schon Oma und Opa!"! "Und ich kann schon bis 50 rechnen", reef et Jüppche. "Das ist gut", saat de Nikelaus, "lernt nur fleißig weiter. Könnt ihr denn auch beten"? "Jaa", reefen die zwei. "Dann betet mal euer Nachtgebet, ihr geht ja gleich schlafen". Die zwei dääten fromm de Händche faale on fingen aan ze bedde:
"Lieber Gott nun schlaf ich ein, schicke mir ein Engelein, dass es treulich bei mir wacht, für die ganze lange Nacht". - - - -
Wie dat Jebettche ze End woa saaten se noch hennisch her: "Lieber Vater im Himmel, Bitte lass unser Papa bald wieder nach Hause kommen".
Do konnte nemmie aan sech haale. De Träne leefen imm en de Baat eren. Er ress sech die Mötz vom Kopp on de Baat ous em Jesiech on reef: "Kende, öje Bapa es at do"! Seng Frau däät en Schrei: "Anton", on hing imm am Hals, on seng Quöös hingen imm am Rockzibbel. Er däät inne zäatlech üwwe de Hoar streichele on dahch: "Dat es et schönste Nikloosjeschenk on de schönste Nikloosowend en mengem janze Lewwe".

En Weihnachtsbreef an de Kende

Leev Kende,

Düss Johr mööt e Weihnachte ens ohne mech feiere, denn ech wearen üwwe die Feiedääch vereise. Ech mööch ens et Chresfess ob meng Aat feiere. De Bapa well net metfahre, er meint Weihnachte mööt me deheim sen. Ihr könnt jo wie jedes Johr bei oos heim kunn. Ihr wesst jo ous de letzte Johre wie bei oos Weihnachte jefeiet wiet on dat schaffte bestimmp och ohne mech.

Ech han noch kein Vorbereitunge jetroffe, do könnt e all die joot Rotschlääch die ihr mir jedes Johr füe Esse on Drenke jejenn hat, all selefs ousprobiere.

Die Zimmere füe ze Schlofe han ech suweit objeröümp. Die Jästebette die ech emme von Schmitze newwenaan erüwwe jeschlepp han, könnt e ööch widde holle. De Bettwösch dofüe han ech owwe en oosem Schlofzemme füe ööch parat jelaach. De Bette ze bezehje es füe ööch jo nue ene Klacks.

Füe et Fessesse füe die Feiedääch well ech ööch kein Vüeschrifte maache, deshalb han ech och noch nix enjekauf. Die Menge die ihr füe die vier Daach füe ööch drei Famillile broucht, mööt e dann vüeher ousräächene. Met mengem kleine Auto moot ech imme e paamol bei Edeka on Aldi fahre, äwwe ihr könnt et jo met ööje decke Limusine en einem Rötsch schaffe. Ihr könnt och die schwer Jetränkekeste besse en et Auto pöngele wie ech. Äwwe denkt draan, dat de Bapa nue Kölsch maach on de Olaf nue Cola, de Hannes drenk nue Fanta on ööch Puute drenken nue der Kakau ous demm Biolade ous de Stadt. Do es et imme arch voll on me kann och net parke, äwwe ihr hat jo Urlaub on vill Zeit. Och wisst ihr selevs am beste watt ihr broucht.

Vleech wollt e jo och enz ous esse john, dann broucht e noher net ze spoöle, de Spölmaschin es nämlech kapott on de Bapa hät et net jeschaff se ze flicke. Wenn e deheim esse wollt, könnt e ruhich dat jode Porzeleng ous em Wunnzemmeschrank nenn. Ech han jetz en Quell wo ech dat Jeschier wat de Kende zedeppert han, nohbestelle kann. Der Kataloch met de Preisliss leit em Wunnzimmeschrank en de öwweschte Schublaad. Wenn jet ze Bruch jeit könnt ihr et Jeld ruhich dobei läje.

Weihnachtsplätzje han ech düss Johr kein jebacke, ihr könnt jo füe ööch en Doos Plätzje metbrenge, de Bapa daasch jo kein esse wäjen sengem Zucke.

Denkt och aan de Weihnachtsbaum. Ech sen nemmi dozo kunn eine ze kaufe, Doch der Tranzport es füe ööch mem Auto seche einfache wie füe mech mem Fahrad. De Chrisbaumstände on de Kurrele stohn em Kelle newwisch de Jromperekess. Neft äwwe die elektrische Keaze, denn die Brandflecke vom letzte Johr seiht me emme noch. Die Pute wollen jo seche widde em Wunnzemme mem Ball spille wenn ihr füe de Klotz setzt.

Fleesch joht e jo düss Johr och ens met de Kende en de Chrissmett, dat woa jo at emme menge Wunsch, äwwe ihr fond et altmodesch on allein woll ech net em Döüstere en de Kerech john. Wat me Sorch määt, es ööje iwije Disput üwwe de Kendeäzijung on wer von ööch et meiste Jeld hät. De Bapa jeiht jo emme laufe bei ööjem loute Jezänks. Am Beste bleiv jede von ööch bei senge eijene Meinung, em Bapa zeleev.

Ihr frocht ööch seche woher ech dat Jeld füe die Reis han. Ech han jo et Johr üwwe emme dat Geld wat ech üwwerech hat füe ööch Jeschenke zeröck jelaach, doch en de letzte Johre han ech nie ööje Geschmack jetroffe, on ihr hat noh Weihnachte alles widde ömjetousch. Do han ech jedaach, ihr däät besse die Jutschein die ihr füe mech besorch hat, füe ööch selvs enlüüse on ööch dat kaufe wat ööch jefällt, dann fällt och die Ömtouschaktion noher fott. Üwwe dat Hemb on die Krawatt wiet ööje Bapa sech wie jedes Johr freue, obwohl e koum Jelejenheit hät et aanzedon, mir john jo nirjens mi hin.

Eh ihr widde heim fahrt brengt alles en der Zustand denne aanjetroffe hat wie ihr kunn set. De Bette avzehje, et Bettzöüsch wösche, de Jästebette widde bei Schmitze brenge on e Blomeströüsje als Dankeschön net vejesse. De Staubsaure, de Botzeime on de Botzlompe sen em Schränkche onnech de Trepp. De Weihnachtsbaum könnt e och widde avschmücke on entsorje, denn bes ech em Januar zeröck sen es et ze spät. Wo die Sammelstell es, könnt e en de Zeidung nohkicke.

Jetz moß ech Schluß maache sons kunn ech ze spät ob de Zuch. Wenn ech widde do sen, könnt e me jo vezelle wie et woa.

Ech wünschen ööch schön Feiedääch on ene jode Rötsch en et neue Johr,   Ööch Mam

E Paket ous Amerika

Et woa noh em Kreech en der schroh Zeit, wo se all honge hatten bes onnech de Arme. Do woaren all diejenije joot draan, die Vewandte ode Bekannte en Amerika hatten on av on zo e Paket von drüwwe kroochen.

Su och et Lisbeth on de Jupp. Et woa baal Weinachte, on die zwei waaten met Sehnsucht ob e Paket von de Tant Settche on em Ohm Hein ous Amerika. Dann endlech, drei Daach vüe em Fess kom et aan. Wat woa dat en Freud beim ouspacke. Kaffee, richtije Bunnekaffee, Tee on Kakau. Och Backzutate, Mell, Zucke, ene decke Klompe Schmalz, Rosinge on Jewürze. Dann woa do noch en Dos met enem graue Polwe. Domet konnten se nou janöüs aanfange. Et hat keine Jeroch on keine Jeschmack, on se han üwwelaach wat me domet maache könnt. Et konnt jo nöüs schläächtes sen wenn et ous Amerika kom. Schließlech han se beschlosse, et Mell domet ze länge, dann wue de Fessdaachskoche e besje decke,

Vierzehn Daach noh Weihnachte kom de vespätete Breef von de Tant Settche aan. Se schriff dat se e Paket avjescheck hät, on se hoff, dat et noch fröh jenoch aanköm. Se hät alles objezallt wat dren wöa: Kaffe, Tee, Kakau on Backzutate füe ene schöne Fessdaachskoche. Dann däät se inne noch fruhe Weihnachte wünsche on alles Joode füe et nöüe Johr, vüe allem dat et widde besse wüe.

Dann schriff se noch dat sei düsjohr en zemlech traurije Weihnachte hät. De Ohm Hein wöa em Novembe jestorve, on jetz wöa se janz allein.

Nou hat se noch e aanlije. De Ohm Hein hatt sech ousdröcklech jewünsch en senge fröhere Heimat ob ihrem aale Dorfkerchhoff bejraawe ze weare, he en de Fremb wüere bestimmp kein Rouh fenne. Weil se nou senge letzte Wunsch erfülle woll, hät se en enöschere losse, on die Dos met senge Ösch bei de Backzutate vepack, do feel se bei ene Kontroll net esu ob . Die Dos sollen se dann einfach en de Oma ihrem Jraav enbuddele, do wüere seche

77

senge Fridde fenne.
Do hät et Lisbeth on de Jupp met Entsetze fassjestallt, dat se
Weihnachte de Ohm Hein vespeis hatten.

Bethlehem

Von Nazareth zoch et Marie on de Jupp
met ihrem Esel durch et Jebirech erop
üwwe Stock on Stein bes noh Bethlehem.
Der Wääsch woa weit, holperesch on onbequem.
Ob Befehl vom Aujustus mooten se john,
füe sech en ihre Vatestadt enzedrohn.

Doch wie se do aankome, völlech malaat,
do woaren de Herberje all at belaat.
Die Zwei zochten mutlos von Hous ze Hous,
on schließlech scheck me se ous de Stadt erous.
"Drouße füe de Poaz, der Stall es noch frei,
do könnt e bleiwe, der langk füe ööch Zwei."

Der Jupp bekick sech met Angs on Sorje
seng Maria, woa die do jeborje?
Denn ihr Zeit woa öm on e hät üwwelaach,
dat Kend könnt jo kunn höck, wännisch de Naach.
Do hätte seng Maue hujekrämpelt
on ze iesch enz der Stall entrömpelt.

Dann hätte ous Strüh e Laarer jemaat,
on et Maria hät et Chreßkend ze Welt jebraat.
Et hät et jeweckelt on en de Kripp jelaach,
dann han die zwei et voll Aandaach betraach.
Wat woa et doch hilflos on arm. "Och Jott!"
De Jupp wöch sech stekum e Tränche fott.

78

"Sollt dat füe de Welt de Elöser sen,
he in demm armsiilije Krippche drin?"
Jedoch et Maria woa janz vezück,
et Hezz leef ihr üwwe füe Mottejlöck.
Se woa su voll Freud on voll Dankbarkeit,
vejesse woaren all Sorje on Leid.

De Hirte om Feld, die wonderten sech,
wat kom von demm Stall en de Fean füe e Lich?
On de Steane funkelten, dat woa ene Jlanz,
et woa, als mööchen se en Freudedanz.
On Engele erschiene met schniiweisse Röck.
„Stoht ob ihr Hirte, maat ööch flöck ob de Söck„.

En Bethlehems Stall es de Heiland jeboore,
domet de Minschheit net jeiht veloore."
On die Hirte schrömten hin, met schnelle Schritt,
sujar de Fraue on de Pänz leefen met.
Se feelen füe em Jesukend ob de Knie,
dankten Jott on woaren jlöcklech wie nie.

Se braaten Jeschenke füet Marie on de Jupp,
en Pott Melech, e Stöck Käs, jätt Fleisch füe en Zupp.
E Lammfell füe et Kindche, domet et schön warm.
Dat looch jeborje beim Maria em Arm.
Et lächelt em Schlof friedlech füe sech hin,
on Fredde zoch en de Hezze eren.

Fredde zoch durch de Stadt,- durch et Land,
on eine reck demm andre de Hand.
Et wue kundt droußen om Feld on drinne am Herd.
Fredde soll weare üwweall ob de Erd.
Äwwe de Minsche, voll Raffjier on Neid,
sööken net Fredde, se kennen nue Streit.

Se jaaren noh Macht, Reichtum on Jeld,
su kann nie Fredde weare en oose Welt.
Et könnt esu schön sen bei oos ob de Erd,
wenn de Minsche sech vedrööje, dat wöa jet wert.
Wenn se deile könnte, wie de Hirte em Stall,
dann wöa Bethlehem emme on üwweall.

Wat der Äsel sech esu jedaach hät

"Marie!- Marie!- Stand flöck ob, me mösse fott!" "Wat es loss
Jupp, et es doch noch steschen- döüste?" "Marie, ech hatt ene
Draum. Ene Engel stond vüe me on saat: "Neff dat Kend on seng
Motte, on maat ööch ob noh Äjypten. De Herodes, der
Stinkstiwwel, well demm Kend aan et Lewwe"
Et Marie sprong ob on mooch Feuje füe demm Klein noch flöck e
Züppche ze koche.
Och der Äsel schlooch de Aure ob. "Wat woa dat füe en Onrouh
metten en de Naach-, on wat hatt der Jupp jemeint, se mööte fott?
Jetz, wo se sech jrad esu jemütlech enjeriech hatte. Äwwe wie
wollten die met demm janze Plunde, der sech do en der kuete Zeit
aanjesammelt hat, noh Äjypten kunn? Dat jov jo en schwea
Peadsfuhr-. Doch wat jeiht dat mech aan", daache on döös noch
jätt füe sech hin.
"Jupp, wie kreije me der janze Krom he fott, et Kochjeschijer on
die janze Jeschenke von de Hirte, de Künninge on demm janze
Volek wat sons noch he aan de Kripp woa"? "Och Marie, dat
wiet at klappe. Me han doch ene Äsel he, der es jong on stark, der
schaff dat leich".
"Wat ech? Wisu ech"? Daach der Äsel. E woa plötzlech
hellwach on sprong ob de Bein. "Woröm ousjeräächent ech? Jov
et net jenoch Oaße on Äsele he en de Jäjend, die jrüße on stäreke
woaren wie ech"? Doch do kom de Jupp at mem Strühsack on
enem decke Ponge Felle on Kessere on bonn se imm ob de

Puckel. Et Marie raaf de Kochpött on Housrot zesamme. Alles wue en e paa Säck vestout on dem Äsel üwwe de Hals jehange. Dann wue noch ene decke Arbel Pluute vestout on die janze Jeschenke, et Kesje met Jold, de Döppche met Weihrauch on Myrrhe on wat sons noch esu aankunn woa. Füe ze möffele moot och noch jätt met, ene Böggel met Bruut on Kääs on ene Leddeballesch met Wasse. Ze jode lätz sohch me von demm Äsel nue noch de Nas, de Stätz on de Kuute.

Der hat demm janze Spill jremmisch zojesehn. Do satz der Jupp et Maria on dat Jesukend och noch owwendropp on meint: "Jetz könne me john".- "Ohne mech", daach der Äsel on steip seng Hufe frackesch jäänt ene decke Wagger. "Met demm Jepäck john ech keine eine Schritt". Der Jupp hollt sech en de Eck noch senge Stecke. Der Äsel kick em meßtrouesch noh. "Wenn der me jetz met demm decke Driwwe noch eine üwwezüsch, dann schmeißen ech imm der janze Klumpatsch füe de Fööß, on dann kanne zosehn wie e met der Bajaasch noh Äjypten kütt".

Doch der Jupp hat janet vüe, imm eine ze trötsche. Der raaf janz höösch onnesch de Strühsack on tööp no senge Uhre, füe en dohennisch ze kraule. "Nou komm jetz, et wiet hüchste Zeit dat me oos ous em Stöbb maache, ih dat Vebrechepack von Jerusalem eraff kütt".

Der Äsel schüddelt meßmödesch de Kopp. "Dat soll me wall ene komije Hellije sen, weiß noch net ens wie me ene Äsel aandreiv".

E satz janz siddesch eine Foß vüe der andere on balangsiert ous demm Stall erous. Doch et jingk vell besse wie e sech dat vüejestallt hat, äwwe dat woa em dann och widde zeweasch. Jrad kom de iescht Sonnestrohl üwwe de Berech. Widdewellesch talepe hennesch em Jupp her. Der hat en jetz beim Züjjel jenonn. "Komm schön", saat der noch ens, on su zochten se en de Wüste eren, emme weide, de Berech erop on eraff, Stond öm Stond.

De Sonn stond at huh am Himmel on dout schwea, on dat janze Jepäck heelt och joot warm. "Die könnten jo och ens en Paus maache on me jätt ze Frääße jenn", daache bei sech. De Honge woa imm zwaa vejange vüe loute Ärje, äwwe e woll wennestens

ens dran schnoppere on et dann veächlech stohn losse. Doch et jing weide on weide üwwe Stock on Stein, Jeröll on Desteljestrüpp.

Schließlech blev de Jupp stohn on meint: "He maache me Rass". E holef em Maria vom Äsel eraff, satz dat Kend en de Sand on pack de Essenskrom ous. Dann maaten se et sech bequem on fingen jenößlech aan ze kimmele. Nue aan de Äsel daach keine mie. Do krohch der plötzlech esu ene Kohldampf, dat senge Bouch lout aan ze knoaze fing.

Dat Jesukend met senge fenge Üjeche hat dat jehuet on däät bei en krabbele. Et brohch e paa Destelezweich av on heelt se em lächelnd vüe de Nas. "Su", daach der Äsel, "soll ech jetz die Destele fresse. Als Joddeskend mööts de wesse, dat die spetze Döan me de Maare obratsche, dann john ech fräck, on dou kanns sehn wie de noh Äjypten küss.

Er biss wöödesch en dat Destelströüßje eren. Doch wie staunte do, die Destele woaren janet spetz on frääd, wie er jemeint hatt, se woaren janz mans on schmooken wie de fengste Kröggsche on et saftischste Jras. Dat Jesukend däät en emme noch aanlächele, on er hät jean widdejelächelt, wenne nue jekonnt hät. Doch lächele es net Äselssaach. Do neich e senge Kopp deef zo imm eraff on säht janz demödesch:

"I A", dat heiss en de Äselssprooch: "De bes bedank".

De Johrdousendwend
Kommentare aus Leserbriefen vom Sommer 1999

Nou jeiht oos Johrdousend allmälech ze End
on alles waat ob de Johrdousendwend.
Nue wann die es, wiet me sech net einisch.
"Silveste nöngonnöngzisch es se wascheinlich"

"Enää,- dat stemmp net, do fählt noch e Johr.
E Johrdousend hät dousend Johr, dat es doch kloa."
Öm die Null on die Einz deit me sech zänke,
womet de Zeit aanfängk, dat sollt me bedenke.

Der Ein hät de Zeit mem Zollstock jemesse
on es von senge Idee janz besesse.
Nue es senge Zollstock e klein bitzje ze kuet,
der hät at bei 199 Zentimete objehuet.

Der andere hät mem Johr Noll aanjefange
On et Johr Einz dann dohennisch jehange
Ech weiß net wie me zo demm Äjebnis kütt,
denn e Johr Null es e Johr wat et janet jitt.

Die Köllsche, die han dat at längs kapiert.
Met Eins fängk et aan, su han se jeliert,
domols beim Lehre Welsch en de Scholl,
denn dreimol Noll dat es Noll on bleiv Noll.

Bei de Römer jov et kein Noll, denn Noll es nix,
die finge met Einz aan on de Zehn woare X
on wenn et ieschte Johr met Jesu Jeburt bejinnt,
es et 2000ste Johr Silveste 2000 ze End.

De Kaise Willem wue domols at ousjelaach,
weil e de Johrhontetwend ob Silveste 1899 jelaach.
Die hatten at de jleiche Probleme, die Löck,
do hät sech nöüs jeändet von domols bes höck.

De Paps hät sech janz luus ous de Affär jezore.
En Rom wiet et Johr 2000 als hellisch Johr jebore.
Do feiern se zwölef Mond lang de Johrdousendwend
on am End vom Johr wiet et Johrdousend avjesäänt.

Dann kann jetruus e nöüet aanfange.
Me hoff, et wiet besse wie dat wat vejange.
Doch bes daa bleiv noch vill Zeit zom streide,
denn der Disput jeiht bestimmp noch weide.

Ech denk, bes Silveste han se et all jeschnallt.
Wenn net, och ejal. Et wiet trotzdämm jeknallt.
On wemme üwwehaup kein Einischkeit fendt,
feiere me eben zweimol de Johrdousendwend.

Me weiß höck, oos Zeitrechnung es janet jewess,
dat Jesus at vier vüe Christi jebore es.
Dann wöere me längs em drette Johrdousend dren
On keine hät jemerk wann on wie me do eren jerötsch sen.

De Kerche-Uhr ze Ahweile

Huh owwe am Kerchtuen seit Johr on Daach,
zillt se de Stonde bei Daach on bei Naach.
Se kick janz stell üwwe de Höüse weit
on zeich de Minsche en de Stadt de Zeit.
Manch eine kick em Vebeijohn no ihr:
"Wie de Zeit doch rennt, me kreit net de Kier".
Doch die Uhr läuf weide, janz uncheniert
on erlääv wat onne om Maat all passiert.

Emme, wenn widde e nöü Johr aanfängk,
freud se sech, dat se em Tuen owwe hängk.
Wenn Silveste öm 12 de letzte Jlockeschlaach,
vehallt es en de kaale Wentenaach,
seiht se de Rakete met Fleute on Knalle,
als bonte Steanche vom Himmel falle,
on en de Stroße, wie all die Minsche,
sech füe Nöüjohr Jlöck on Fredde wünsche.
Sei kann nöüs maache an ihrem Jeschick,
sei läuf emme weide, on tick, on tick.

Se seiht wie die Jecke ihr Spökes maache
an Fastelowend schunkele on laache.
On wie de Kummiunkende aadich on fromm
am Weiße-Sonndaach ze Kummiunsmess kunn.
Se seiht och Froleichnam de Prozesjon
met oosem "Här" en de Kerch eren john.
Dann hüet se von drenne der Jubeljesang,
on owwe vom Tuen her de Jlockeklang.
Dann seiht se de Schötze om Maat maschiere
die doon ihre Künninge stolz präsentiere.

On am Lorenziusdaach es se met debei,
do wiet Namensdaach jefeiet von de janz Farrei.
Selvs die, die sech net füe de Kerch intresiere,
doon sech beim Farrfess janz joot amesiere.
Se seiht och manch Huchzeitsjesellschaff om Maat,
die noh ihr kick, on ob et Brautpaa waat.
On dat klein Ditzje wat ze Kenddäuf wiet jedrare,
füe su e jong Lewwe mööch se lang Zeit schlaare.
Manche Trouezoch seiht se nohm Kerchhoff john,
dann blev se et leevs füe e klein Weilche stohn.

Och Knaatsch on Traatsch kreit se owwe ze hüere,
doch do deit se sech üwwehaup net dran stüere.
Se hüet och de Musick beim Winzefäss
on seiht wie de Maat onne wimmelt von Jäss.
Do wiet üwwemöödesch jedanz on jeschwaad,
on jefeiet, on de Naach zom Daach jemaat.
Och et Mäatesfeue kann se von owwe sehn,
on och onne de Fackelzoch fendt se schön.
Ov se Lateane ode en Knollekopp hann,
alles singk vom Sank Mäates on em arme Mann.

Se seiht och de Löck wie se haste on renne,
wenn om Weihnachtsmaat de Lichte brenne.
Wie se von eine Bud an die andere laufe,
füe flöck noch jätt füe Chrissdaach ze kaufe.
Och de Nikloos seit se dorch de Stroße john
on manch Kendeschöhche ob de Finstebank stohn.
De janz Stadt es schön on fässlech jeschmöck
on de Kendeaure die strahlen vüe Jlöck.
Denne Pänz kütt de Zeit wie en Ewichkeit vüe,
bes endlech Weihnachte steiht vüe de Düe.

Dann seiht se de Löck en de Chrissmett john
on mööch inne su jean von owwe her soon:
"Nou jeiht at widde e Johr baal ze Neich,
on en eine Woch at e neuet sech zeich.
Dröm doot ööch besinne ob dat wat wichtich
on vedoot de Zeit net, füe jätt wat nichtich.
Wer weiß wann et letzte Stöndche ööch schleit
on me ööch still ous de Stadt erous dreit.
De Zokonef leit allein en Joddes Hand.
Er nue führt Rejie üwwe Stadt on Land.
Ech hängen em Tuen on zällen de Stonde nue,
Johr ous, Johr en, denn ech sen ööch Kerche-Uhr"

Tschüss DM

Joot 53 Johr lang hamme dech jehat,
on me komen och janz joot met de parat.
Doch nou han se dech einfach avjeschaff,
et woa beschlossene Saach, von owwen erav.

Du wues enjeschmolze on dorechjehäckselt,
mir kroochen dofüe Euro ömjewechselt.
Nou semme am ömräächne met oosem Euro,
koss et noch et selwe, ode es et "teuro"?

Bei manchem es de Preis de jleiche jeblewwe,
se han nue statt D Mark, Euro hinjeschrewwe.
Schön es et nue noch wemme ent Ousland fiehrt,
fröhe hät me dann met dreierlei Jeld hantiert.

Doch ömräächne deit me emme noch flöck,
wat hät et fröhe jekoss, wat koss et höck.
Doch wat soll dea Ärje met demm janze Spill,
manches koss doch nue noch joot halev esu vill.

Die Zahl Sibbe

Die Sibbe es en bedeutungsvoll Zahl,
me fendt se em Lewwe üwweall.
Sibbe Daach, sibbe Nääch hät jede Woch,
e Booch met Sibbe Siejel kennt me och.
Em Altetum die Sibbe als hellich joll,
se woa magisch on jeheimnisvoll.
Et Sibbejestirn, es als sibbe Schwestere bekannt,
die de Zeus als sibbe Stean an de Himmel vebannt.

Sibbe Stean hät och de Himmelswaare.
Üwwe de Sibbe Weltmeere kamme fahre,
füe sech de Sibbe Weltwonde aanzesehn.
Doch och en de Märchewelt es et wondeschön.
Do jit et sibbe Jäißje on sibbe Raabe,
on och sibbe staatse tapfere Schwaabe.
Et tapfere Schneiderlein schloch jleich
Sibere ob eine Streich.
On et Schneewittche met de sibbe Zwersch,
wunnt deef em Bösch hennisch de sibbe Bersch.

Et Sibbejeberch, esu wiet jeschwätz,
han sibbe Riese an de Rheng jesätz.
Met Sibbemeilestiwwel em schnelle Schrett
vejohn de Johre, me kütt kaum noch met.
Siebenbürgen, de Stadt on et Land,
sen oos noch ous de Schullzeit bekannt.
Em Sibbte Himmel do schwebte me off
en oose Jurend, on me han jehoff,
dat et füe emme on iiwich so blev,
doch et Lewwe janz andere Seite schrev.

Von Sibbesaache hüet me och vill,
on Sibbeschrööm, es e schön Kaatespill.
Der kick dren wie Pick Sibbe, dat es suen Sproch.
En Katz hät sibbe Lewwe, so säät me och.
On de büüse Sibbe wiet se off jenannt.
Et Sibbte Ehejohr es als veflix bekannt.
Me säät och, wenn et ob Sibbeschlööfe räänt,
semme sibbe Woche lang met Rään jesäänt.
On et kütt vüe, dat einem en Sibbejescheit,
met sengem Jeschwätz ob de Wecke jeiht.

En Sibbte Sinn bröüch me manchmol em Lewwe
Sibbe Jabe däät de heilige Jeist oos jewwe.
Net sibbe mol, sondern sibbeonsibzisch mol
soll me verzeihe, saat einsmols de Här.
Am sibbte Daach dät de Herrjott sech reste,
wie er de Welt erschaffe zo oosem Beste.
En Pharaos Traum es von sibbe Köh de Red,
sibbe die mare on sibbe die fett.
Von sibbe Turende schwätzten die Aale.
Die jong Löck doon nemmie vell dovon haale.

Von sibbe Duutsünde präädech de Kerch,
dowäje jing Chrestus nohm Calvarieberch.
Sibbe Schwerte dorchdrongen Mariens Herz,
wie se beim Kröüz stond en qualvollem Schmerz.
Sibbe Sakramente hät de Här oos jeschenk,
die han oos seche dorch de Zeit jelenk.
Me däät jo bestemmp noch mieh Sibbere fenne,
Äwwe me moß och ens ohhüere könne.

De Schönheitskur

"Saach Mann, he en de Zeidung steiht en Schönheitskur,
met Äazte Betröüung rond öm de Uhr.
Su schroh wie ech oussehn, wöa dat doch jätt füe mech,
donoh wöa ech dann widde jurendlech on frisch.
Die Kur koss nue Euro zweidousendaachhondet".
"Wat, esuvell Penunze"? meint er vewondert.
"Dofüe könnte me zweimol en Uelaub fahre,
no Teneriffa, ode ob de Baleare".

Watt soll ech dann do, meng Bikinis doon zwicke,
on dou deis noh andere Fraulöck kicke.

Äwwe he esu en Kur, die däät me jätt brenge,
donoh könnt ech widde danze on sprenge.
Do kamme avnenn, en vier Woche fuffzesch Pond,
nue durch Hypnose, on dat wöa och jesond.
Met Packunge von Klatschkääs on Zitronesaff,
steiht he, wüe de Hout widde schön on straff.

Morjens fröh doon se Jymnastik maache
on mindestens zwanzeschmol am Daach laache.
viermol de Woch schwemme, dat me jankesch wied,
em Bösch doon se laufe, dat es och net vekiert.
on dreimol en de Woch en de Sauna setze,
füe dat Fett wat zevell es erous ze schwitze.
Ech wöa hernoh wie ene Tornschoh su fit,
do küss dou met dengem Bouch bestemmp nemie met.

Am Owend doon se noch en Stond meditiere,
füe de Jehienskaste ze rejeneriere.
Wöa ech noh der Kur widde bejehrensweat,
Mensch Mann, dat wöa doch werklech die paa Krööte weat.
E paa neu Pluute möht ech dann och noch han,
wenn ech der aale Krom noher nemmie aandohn kann.
Denn wenn ech de Röck on de Botze veliere,
mööt ech dofüe noch e bitzje inwestiere".

Dann fuhr sie en Kur, on er denk vedrosse:
"Ech han jo werklech at vell Feddere jelosse,
ech könnt jo och jätt doon füe meng Fijue,
on dofue bröüch ech noch net ens en Kur.
Ech könnt jede Daach e Stöndche träniere
on domet meng Ponde jätt reduziere".
Jedaach, jedohn, on dat jing och janz joot,
on at bahl hatte och widde joode Moot.

90

Statt Fernsehn ze klotze jinge en de Jaade,
on am Wocheend en de Baggersee baade.
Ob de Arbeit dääte jetz mem Fahrad fahre,
do konnte sujaa noch de Sprittkoste spaare.
Jede Morje dääte zehn Kilomete laufe
on zom Schluss noch e nöü Kamesol sech kaufe,
domet er och konnt met ihr konkoriere,
on sie broucht sech net füe inn ze scheniere.

Dann kom se heim, er däät aan de Bahnhoff renne.
Hoffentlech dääte se och jleich widdeerkenne,
wenn se jetz aankom, schön, schlank on schick.
Er bekick sech selevs noch ens met kreteschem Blick.
Er däät sech jetz och esu richtesch freue,
on der Haufe Zaster däät en och nemmie röüe.
Do kom se och at ous em Zoch jeklomme,
imm blev de Luff weg, on er säät janz benomme:
"Wie, - hatten se zoo" ???

Ahweile Steudche

De Hirsche Hein woa domols Wijet em "Deutsche Hoff".Er
dronk sech jean eine on woa selvs senge beste Konde. Eimol hat
de Dokte imm ous Jesondheitsjrönd et Drenke srick vebodde on
hat imm Tee veschriwwe. Seng Frau hat imm och jede Daach ene
Pott voll jekoch on imm emme widde en Tass nöüe Tee
hinjestallt. Der Hein hät och jedesmol braav e Schlückelche
dovon jedronke. Doch wenn seng Frau dann widde fott woa, hatte
der Tee ousjekipp on sech Konjack en de Tass jeschott. Äwwe dat
hat seng Frau och flöck spetz krääsch on hatt imm schwer de
Meinung jejeich, wat de Löck nue denke sollten, wenn er emme
besoffe hennech de Thek stönd. Do woare janz niddejeschlohn on
hatt en de Wijetschaff seng Leid jeklaach: "Drenk me jede Daach
e paa Tässje Schnäpsje, on do sohn de Löck me söff."

Schläach Jas

Eimol woa de Hirsche Hein och widde steaneharelvoll on hat esu richtesch de Möpp an allem. Do hätte sech stekum en de Wöschköch enjeschlosse on de Jashahn objedräht. Seng Frau hatt en em janze Hous jesook on hat schließlech Jas jeroche. Doch wie se endlech die Wöschköchdüe objebroche hat, lohch der Hein om Boddem on woa duut. Do hät se der Jashahn avjedräht, dat Finste objeresse on es en eine Obrääjung derek ob de Aalebou en de Schrengerei Knieps jerannt on hät ene Sarch bestallt. De Kniepse Adolf woa och jleich metjejange füe de Leich ze messe, (domols wueren die Särch jo noch von Hand jemaat) doch wie se em Deutsche Hoff aankome woa der Hein fott. Do jing die Söökerei von nöüem loss, doch e woa net ze fenne. Jood zwei Stond spääde kome widde aan. E woa om Jaswerk jewäas on hatt em Jasmeiste Thelen Freschheite jemaat, weil seng Jas nöüs daure däät.

E paa Vezällche

Et Trina von de Wehrscheid woa jestorwe. Dat woa at em vüeletzte Johrhondet, esu öm achzehnhondettubbak. Domols wueren die Duude jo noch net objebahrt on drei Daach leie losse. Die komen, wenn se duut woaren, dereck en de Sarch on wueren ob de Kerchhoff braach on bejraawe. Su och et Trina. Nodemm et enjesarch woa, han die Dräjere sech der Sarch jepack on sen dann, met noch enem kleine Häufje Vewandtschaff en Richtung Kerchhoff maschiert. Doch wie se jrad onnesch de Ahpoaz woaren, stolpert eine von der Männ on der Sarch knallt ob de Ead. Do fing et dodren aan ze kloppe, on wie se der Sarch obmoochen, kick dat Trina se met jruuse Aure aan on freech: "Wo sen ech dann he"? Do han se et janz flöck widde heim braach. Nodemm et Trina deheim noch e halv Johr eröm jekröötsch hät, es et dann widde jestorwe. Wie die Dräjere de Sarch holle kome füe ob de

Kerchhoff ze draare, saat em Trina senge Mann janz höösch : "On passt me jo ob, dat keine onnesch de Ahpoaz stolpert".

De Syres Äu von de Öwwischpoaz woa Kirmes Samsdaachs em Winzeverein ob de Danzmusik. Domols mohten die Jonge noch füe jede Danz ene Jrosche bezahle. Der Danzjrosche wue dann wennisch de Halevzeit enjesammelt on domet nohher de Musik bezahlt. De Äu hat de janze Owend fleißich jedanz bes deev en de Naach eren, on wie e heim jing woa senge Jeldböggel ledisch on er leich aanjeschlaare. Sonndaachsmorjens en de Kerch es e dann at bei de Prädech enjeschlofe. Wie de Kercheschweize vüe de Opferung mem Opfekörvje rondjing on et em Äu vüehelt, schreck der ous em Schlof ob on saat janz energisch: „Ech han net jedanz".

Eimol woa de Äu mem Will sonndaachs an de Owweah. Ob eimol saat de Äu: "Ech sen stenksoue, die wollen mech he net". Do fröch de Will:" Wisu dat dann"? Do meint de Äu, „he steit üwweall „Will-kommen" ewwe nirjens steit „Äu- kommen".

Et Schäfesch Sett ous de Niddehot woa at emme e Orijinal für sech. Et nohm kein Blaat vüe de Moul, noch net ens beim Pastue. Wie der imm de Levitte jeläse hätt weil et nue ein Kend hat, dat woa jo en der domoleje Zeit baal en Duutsünd do saat dat Sett janz schnackuhresch: "Hä Pastur, wat wollt E dann, Maria on Josef hatten doch och nue eint."

De Ippe Toni ous de Owwehot woa och esu e Ahweile Orijinal. Er däät stammele on dodorch off ze Äheiterong beidroon. Eimol, wie e jefrooch wue wat er dann jetz schaffe däät, saat e janz drüsch: "w,w,wemme en Frau hät d d die Nähdesch es, o o on dobei noch en * k k Kappesschaav hät füe ze veliehne, d d dann brouch me net z ze schaffe.
* Kohlkopf Schabe, zum hobeln von Weißkohl, der wurde in

93

einem großen Steingut Topf (Kappesdöppe) mit viel Salz eingestampft und zu Sauerkraut vergohren.

Ob em Winzefess stond de Ippe Toni am Wengbronne on däät e Jläsje Weng pichele.
Do däät oose aale Bürjemeiste en aanschwätze: „Sind sie nicht der Herr Ippendorf, genannt Ippe Toni"? Do saat der Toni: „J J Ja der sen ech, o o on sei sen de Hä B B Bürjemeiste, j j jenannt P P Party-Rudi".

Wie de Toni wäjen ene Alimentezahlung vüe Jerich jelade woa, hätte füe de Richte jesaat: „Hä Richte, s s setzt ööch ens m m mem Aasch ob en K K Kreissääch, o o on dann saat e me w w wellije Zann ööch jeratsch hät.

Am Modehous Telg en de Niddehot stond eines morjens ob de Houswand, deck met Kreid jeschrewwe, der Spruch : "Krawatte Hemde on Knöpp, käuf me am beste beim Telch`s Möpp"
Wie et Housmädche dat morjens sohch, hat et sech flöck ene Eime Wasse on en Botzlompe jehollt, füe dat fottzewösche. En de Düe bejäänt imm der aale Telch, jenannt „Telch`s Möpp", on woll wesse wo et met demm Botzeime hinwöll.
Dat Mädche drucks velääje eröm on woll net richtech met de Sprooch erous, weil et Angs hat et jööv e Dondewedde.
Schließlech brock et dann erous, Dat drouße ob de Houswand stönd, „Krawatte Hemde on Knöpp, käuf me am beste beim Telch`s Möpp". Do däät de Telch vüe sech hin jriemele on meint: Ondestand dech blos net, dat de der schöne Sproch fottbotz, en besse on bellije Reklame füe meng Jeschäff kann ech doch net maache.

De Heine Karl, domols Wijet en de Maatschenk woll och jätt Reklame füe seng Wijetschaff maache. Do hatte, nodemm de Bruutpreise joot aanjezoore woare, en Tafel vüe de Düe jestallt wo drop stond: Trotz der erheblich angestiegenen Brotpreise kosten meine Frikadellen nach wie vor 50 Pfennig das Stück.

Janz ömsons

Et woa de Daach vüe de Fronleichnams Kermes. De Stroße en oosem Städtche woaren at saube jefääsch on de Höüse jeschmück met Fahne on Maijrööns. Et moot jo alles schön sen, wenn oose Här en de Prozessiun dorch de Stroße jedraare wue.
Nou moot em Jerrad senge Opa noch umbedingk seng Jrub ousfahre, weil die bes aan de Rand voll woa.
De Jerrad, met 12 at ene stämmije Puesch, sollt sengem Opa beim Puddel fahre helefe. Der Jong däät dat och jean, su konnte sech doch at e paa Jrosche Kermesjeld vedeene. Fröhe moot de Jrub alle paa Woche leddesch jefahre weare, weil se sons üwweleef. Met demm Puddel däät me dann de Jaade dünge, ode Feld on Wenged. Von demm Kunsdünge heelt me net vill, on der woa jo och noch döüer.
Der Opa däät ob de Schötzbahn wunne on senge Jaade woa en de Steckejass, do, wo jetz de Kerchhoff es. Ze iesch hät de Jerrad met sengem Opa met ene Puddelsschäpp dat Puddelsfaaß voll jeschäpp. Dat Faaß wue an ene zweiräderije Kaa an beids Seite an zwei Holme enjehange. Vüe woa en Deichsel füe ze lenke on ene breide Juet, der me üwwe de Scholde pack, füe ze zehje. Nodemm die zwei dat Puddelsfaaß voll hatten, kom noch ene Sack ode e jruuß Dooch owwendrüwwe. Dann wue en Faassering drüwwe jestölep, ode en Koad ronsoneröm jebonne, dat der Puddel ondewääschs net drüwwe schwappe däät. Dann nohm de Jerrad sech die Hälep üwwe de Scholde on de Deichsel en de Hand on zoch aan. De Opa däät noch aan de Seit met döüe. Su schörrichten die zwei üwwe de Schötzbahn in Richtung Ahpoaz.
Nou woa dereck vüe der Poaz en der Kurv e deef Schlaachloch en de Stroß, on ousjerächent en dem Loch bleiv de Jerrad met einem Rad hänge. Die Kaa schlooch öm on der janze Puddel leef ob de

Stroß. Demm Jong sack et Hezz en de Botz vüe Schreck, doch de Opa meint janz drüsch: "Dä,- nou hamme e paa Woche janz ömsons jeschisse".

Wie de Opa heimkom hätte füe de Oma jesaat: „Nää,- esu vill schroh Wöat wie höck an demm eine Daach han ech en mengem janze Lewwe net jehuet".

Ousjespeat

De Schrengemeiste Marner von de Wehrscheid, sons ene düschtije fleißije Keal, däät at ens jean üwwe de Sträng schlohn, on jing ab on zo en seng Stammlokal eine drenke. Doch dat däät senge Eheliebste üwwehaup net jefalle, denn meistens troof e do noch e paa joode Bekannte, on ous demm eine wueren leich vier, fönef ode och mieh. Wie e widde emol halef Naach joot aanjeheitert ous de Wijetschaff heim kom, woa seng Housdüe fass verammelt. Do vejing imm seng joot Laun, denn e moot de Räss von de Naach drouße ob em hatte kaale Steindörpel vebrenge, zom Spott von senge Zechkumpane. Am nächste Owend kom de Meiste Marner widde en senge Stammkneip aan on schlepp et Owwedeil von senge Housdüe ob em Puckel. Die Housdürre woaren fröhe jo meistens zweijedeilt. Er stallt se aan de Jaderob av on meint: "Su, düss Naach speat meng Aal mech net ous."

Wie Deheim

Der aale Heine Jakob ous de Niddehot (dat woa de Jrußvatte vom Heine Köbes on de Urjrußvatte vom Jeorch) der hatt dat janz annesch jemaat. Der jingk och at ens jean ob Souftour, on wie e eines naachs heim kom, hat seng Frau en och ousjespeat. Do es der metten en de Naach en et "Hotel zum Stern" jezoore on hät sech do enjemeet. Wie de Steanewijet de Jakob en e Einzelzemme läje woll, doot der protestiere: "Oh nää, deheim han ech och e Dubbelzemme, on he well ech et och net schläächte han." Do hät de Jakob em Stean em Dubbelbett senge Rausch ousjeschlofe, on seng Frau hät am nächste Daach de Rechnung krääsch. Do woa die einfüeallemol kuriert.

Joot Naach

Eimol, samsdaachsowens hatt de Heine Jakob och met senge Kumpane en Drenkzoch dorch all Wijetschafte en de Niddehot jemaat, on se woaren all janz joot anjeschlaare. Do meint de Zuckarellis Emil füe de Jakob: "Dou häs et joot, dou brouchs nue üwwe de Stroß ze john on bes deheim. Ech moß noch bes an de Bahnhoff laatsche".Do meint de Jakob: "Von mir ous kanns de bei oos schloofe, mir han noch e Zemmeche frei".
Dann hät de Jakob der Emil dorch et janze Hous jeleit, de Trapp erop, dorch ene lange Jang, widde en Trapp erav on noch ens dorch ene Jang bes se em Möbellade vüe enem Einzelbett stonden. "He kanns de schlofe, joot Naach bes morje". Der Emil woa fruh, datte der lange Heimwääsch jespaat hat. Er hät sech ousjedoon, seng Klamotte ob de Boddem jeflapp, hät sech en et Bett jelaach on senge Rausch ousjeschlofe.
Sonndaachsmorjens wuere von loutem Jelächte jeweck, on wie e de Aure ob mooch sohche, datte beim Köbes em Schoufinste looch. Vüe em Finste stond ene janze Schwarm Löck die ob em Wääsch füe de elef Uhr Mess woaren on sech dat Spillche aankickten on ihr Witzje moochen. Der Emil sprong met beids Föhs ous em Bett, raaf seng Klamotte zesamme on rannt en de Ondebotz noh henne füe em Jakob Frechheite ze maache. Doch der meint janz drüsch:
"Wat wells de dann, dou häs doch joot jeschlofe, on ech moß doch och ab on zo jätt Reklame füe et Jeschäff maache".

Rache es sööß

De Zuckarelli`s Emil woll sech natürlech revangchiere füe die kostenlos Üwwenaachtung on hät ob Rache jesonne. Bei de nächste Souftuur, en spääde Stond, soß de Jakob en de Wijetschaff janz vesonne vüe der jruuse Wanduhr on kick zo, wie der Perpendickel esu bedächtich hin on her pendele däät. Do kom demm Emil en Idee on e saat füe de Jakob: "Ech wetten met de öm en Flasch Schnaps, datte et net schaffs, dech vüe die Wanduhr ze stelle on zehn Minutte lang mem Zeijefenge met demm Pendel ze john on dobei ze sohn, he jeihte hin, do jeihte hin, he jeihte hin do jeihte hin". Der Jakob nohm die Wett aan on meint laachend: "Dat schaffen ech doch leich, wenn et sen moß och en viedel Stond lang".
Do han se ene Stohl vüe die Uhr jestallt, der Jakob es drop jeklomme on e fing aan mem Zeijefenge met demm Pendel hin on her ze schwenke on dobei ze sohn: "He jeihte hin, do jeihte hin, he jeihte hin, do jeihte hin". Do hät der Emil sech stekum vedröck, es üwwe de Stroß jerannt on hät de Frau Heine erous jeschellt. "Ihr moot flöck kunn, ööje Mann es üwwejeschnapp. Der steiht en de Wijetschaff om Stohl on schwätz wirr Zöüch". Die Frau Heine schmeiß sech de Mantel üwwe et Naachhemp, freidelt sech e Dooch öm de Kopp on rannt met. Wie se ihre Mann do ob demm Stohl stohn sohch, hät se en am Arm jepack on met loutem Schenne erav jehollt.
Domet hat de Jakob seng Wett veloare, de Emil seng Rache on die andere ihre Spaß.

Ech vekaufen nix

Et Nüsels Trina, e aal Jüffeche ous de Niddehot, hatt met sengem Finettche dereck newesch em aale Klüsteche jewunnt. Dat Höndche woa seng ein on alles, on dat nohm et och üwweallhin met. Wenn et Trina met sengem Höndche en de Stadt jing, dann songen die Pänz en de Niddehot:

"Zimderää, zimderää, do kütt et Nüsels Trina, met em Finättche de Stroß eraff maschiet".

Die Nönnche ous em Klüsteche hatten et ob e Stöckelche vom Trina sengem Höffje avjesehn. Se wollten jean jätt erweidere on brouchten dofüe umbedingk e paa Metere vom Nopesch Jrondstöck. Doch dat Trina heelt de Uere steif on leet sech net dozo bewäje, füe et Klüsteche jätt avzejenn. Do han die Nönnche de Pastue jefroch, ob er demm Nüsels Trina net ens ob de Pell röcke, on et ens öantlech beschwaleke könnt. Ob inn däät et doch bestimmp iete hüere.

De Pastue hatt dat Trina dann och besook on imm schwer de Höll heiß jemaat on imm en et Jewesse jeredt. Er hatt imm kloa jemaat, dat et doch och e joot Werk däät, wenn et denne Schwestere e paa Metere von sengem Höffje verkaufe ääät, on dat et sech domet bestimmp ene joode Plaaz em Himmel vedeene däät. Do saat dat Nüsels Trina janz energesch:

"Enää, Herr Pastue, keine Aasch breit". (altes Ahrweiler Maß)

Heu on Jromesch
(Jromesch ist der zweite Heuschnitt, das Grummet)

Et Frollein Staub, von Deheim vom Bourehoff, woa Lehrerin en de Wollefsjass an de Jongescholl. De Rektor Strauk, domols och noch ene jonge Lehre hät an ihr jefreit. Doch wie e bei ihrem Vatte fue ihr Hand aanhale woll, dat woa jo domols noch esu üblich, do saat der: „Jonge Mann, ze iesch wiet Heu jemaat, on dann kütt et Jromesch", on hät imm seng älts Doochte aanjedräht. Seitdemm hat die jung Frau en Ahweile der schöne Spetzname, „Et Heu„.

Dat Frollein Staub moot en der soure Appel beiße on met schwearem Hezze zoosehn wie ihre Kabäänes met ihre äldere Schweste veheirot wue. Doch se däät brav ihre Deens an de Jongescholl weide. Se woa siehr resolut on kom och joot met denne Kealche kloa.

Eimol hat sech eine von der Jonge wännesch em Onderech bedresse. Do hät se denn ob de Schollhoff an de Pomp jescheck füe de Botz ouszeschwenke. Zwei andere mooten metjohn füe ze helfe. Er hät dann seng Botz henne objehaale on die andere zwei han wat jiste, wat häste, jepomp. Wie et imm ze kalt wue, hätte sech noh henne jedräht on jerofe: „Kütt et baal kloa"?

De Ballesch on de Büesch

De Kreutzberg`s Ballesch, dat woa de Eugen Kreutzberg, ous der Kreutzbergs Reih die sech met tz schriwwten. Er bedriww Wenghandel on hat seng Jeschäff vüe de Niddeschpoaz. Senge Spetzname "Ballesch" woa ob senge wohljenährte Bouch zeröck ze füere. De Ballesch woa joot frönd met em Adeneuer`s Büesch, dat woa de Vatte vom "Lang Adeneue" vom Wengjut. De Ballesch on de Büesch hatten net nue beruflech zesamme ze doon, sondon woaren och sons joot stämm.

Wie de Kreutzberg`s Ballesch frisch veheirot woa on met senge jonge Frau en de Stadt jing, bejäänt inne de Adeneuesch Büesch on däät se fröndlech jRöße. Do frooch die Frau Kreutzberg ihre Mann, wea dat dann wöa. Do saat dea: "Dat woa de Büesch". Wie die Frau Kreutzberg et nächstemol demm Adeneue bejäänt, saat die janz fröndlech: "Guten Tag Herr Bürst". Do saat der jenau esu fröndlech: "Joden Daach Frau Ballesch".

De Kreutzberg`s Ballesch hat em Hotel zom Stean om Maat senge Stammdesch. Do jinge rejelmäßesch on och jean hin. Er wue och von senge Stammdeschbröde jean jesehn. Nue Schmitze Franz, de Steanewijet, däät sech manchmol üwwe seng derb Ousdrucksweis ärjere.

Eimol hat de Franz imm ennet Jewesse jeredt, er mööch sech doch en Zokonef e besje jewählte ousdröcke, wäje der andere vürnehme Jäss, die dääte imm jo sons all vejraule. Do hatt der Ballesch demm Franz och hoch on heilech vesproche sech ze bessere. Doch wie e et nächstemol en de Stean kom woa et drouße 24 Jrad kalt. Do saat de Ballesch jleich ze Bejrüßung: Junge Jung, wea sech höck vüe Hitz bescheiß, dea hät ene jeckije Aasch".

Füe e jong Mädche, wat janz hinjebungsvoll em Ballesch senge decke Bouch bekicke däät, saate schmunzelnd: „Jaa, Frolleinche, do kanns de staune, menge Bouch es en Ihre deck woare. Sech zo dat denge Bouch och en Ihre deck wiet".

Vüe de Chressmett jing de Kreutzberg's Ballesch ob de Empore, weil onne en de Kerech keine Plaaz mie woa. Do soßen die Fraue vom Kerechechor all ob ihre Notehefte, weil die Bänk esu kalt woaren. Domols wue de Kerech jo noch net jeheiz. Do saat de Ballesch em vebeijohn:
"Ihr Mädche, die Note sen füe ze singe on net füe ze blose".

De Ahweile Stadtmusikante

Feuewehrkapell, nannten sech die Ahweile Blosmusikannte vüe em zweite Weltkreech. Dat woa de Ulrichs Toni, de Cosmanns Hännes on de Kniepse Hein met de Trompett. Drothens Leo met de Es Klarinett on de Heimermanns Hein met de B Klarinett. De Schomischs Klös mem Tenoahoan, de Arendse Johann mem Es Hoan on de Brenners Richard mem Waldhoan. De Miesse Jupp hät die decke Tuba jeblose, on de Willerscheids Hein de Posaun.
De Hein däät sech emme selvs met Musick heimbrenge, wenn se naachs von de Danzmusick kome. Wenn imm dann de Kriechels Nickela bejähnt, der woa domols Schupo en Ahweile, däät der imm öantlech de Marsch blose, weil e su ene Krach maache däät metten en de Naach wenn de Löck schlofe wollte. Dann jing de

Hein janz höösch bes öm de näächs Eck, on wenne ouße Sicht woa, hätte weide jetrööt bes vüe seng Housdüe.
Dann woa do noch de Rastings Tünn met de decke Tromm on de Jotzmann, dat woa de Kapellmeiste. Die dääten schön Musick maache, die Jonge. Äwwe net nue ous Spass aan de Freud, sondon och, füe sech at ens e paa Jröschelche ze vedeene.
Esu komen se och ens naachs von de Kirmesmusik. Et woa schwööl Wedde, se hatten fleißech jespillt on noch mächtisch Duesch. Se han üwwelaach wo se no jätt kreije könnte, äwwe de Wijetschafte woaren at all zo. Doch eine von der Männ hat en Idee. Bei Westenberechs en de „Stadt Essen", woa henne no em Hoff de Kelledüe nie avjeschlosse. Do sen se dann vom Wall ous üwwe de Moue jeklomme on durech de Kelle en de Wijetsstuff. Se han sech janz leis e Bier jezapp on höüslech niddejelosse.
Äwwe aanschengend woaren se net leis jenooch, denn ob eimol huet me owwe janz höösch en Düe john. Dann Schritt ob de Trapp, janz leis on siddisch, tip - -, tip - -, tip - -, tip - -,tip -----
Wie die Schritt baal de önneschte Stuuf erreich hatte, schlooch der Tünn met volle Wucht ob seng Tromm, dat et dorch et janze Hous dröhne däät. Do huet me ob de Trapp janz flöck tap, tap, tap, tap, tap, tap, tap, dann klaatsch owwe en Düe zo on et woa duudestell. Doch net lang, do huet me owwe widde de Düe john on Schritt ob de Trapp. Äwwe düsmol janz forschtesch. Dann kick de Frau Westenberech aan de Wijetzstuvv eren on saat: "Ihr Jonge, wie könnt e nue esujätt maache, menge Mann setz owwe ob de Bettkannt on hät de Dadderech en alle Knoche."

Et Bier es all

Beim Hirsche Hein, em "Döütsche Hoff", sen se och ens naachs enjestieje, on dat kom esu. Die Blosmusikante hatten samsdaachs owends en Romespech de Danzmusik jespillt on mohten naachs die aach km bes Ahweile ze Fooß john. Wie se aan de Ahpoaz aankome, bejäänt inne de Kriechels Nikela. Der mooch jrad senge Rondjang. Do han se denn direck aanjehaue, ob er net wöss wo me noch jätt ze Drenke kröösch, se wöaren kuez vüe em endrüjje? "Jo", meint de Nikela, "ech wöss wo noch ob wöa, de Hirsche Hein hät widde seng Köchefinste vejesse zoozemaache, dat han ech iesch beijezohre, dat me dat net esu seiht von de Strooß".

Do es der janze Verein met samp Polizis noom Döütsche Hoff jezohre on do sen se dann janz höösch dorch et Köchefinste jeklomme. Se han et sech en de Wijetsstuff jemütlech jemaht, on de Nikela hät Bier jezapp. Doch no ene Weil jing et pch-ch-ch-ch-ch on et kom nöüs mieh. Dann han se de Jläse jespoolt, de Thek avjewösche, tip top objeröümp on sech jenau esu stekum widde vedröck wie se och kunn woare. Von oußen han se dat Finsteche widde beijezohre on sech veabreedt: "Sonndaachmorje Punk elef Uhr em Döütsche Hoff zom Fröhschoppe, on dann kicke me ens wie der Hein kick".

Wie se morjens aankome, woa der Wijet en eine Obrääjung on hät inne vezallt, dat se bei imm enjebroche han. Jeklaut woa nöüs woare, nue et Bierfaaß woa leddesch jesoffe, on et woa och alles saube on objeröümp. Die Musikante, on vüe allem der Polizis, dääten sech natüelech füe alles intresiere. Der Hein hatt inne och dat Köchefinste jezeich, wo die Enbrechere erenkunn woare. Der Nikela hät sech dat alles jenau aanjekick on schließlech jemeint: "Ech jläuv me wesse wea dat woa, me sen oos esujaa zemlech seche." Do meint der Hein: "Wenne me dat saat, soll et me ob en Rond net aankunn". Do han se ze iesch die Rond jepetsch on denn Hein noch jätt zabbele losse. Dann han se imm schließlech jesaat, dat sie all zesamme dat Faaß leddesch jepött han. Do fing der Hein aan ze schänne: „Ihr Spetzboowe, ihr Halonke, on ööch jenn ech noch eine ous". Do han se en dann beruhisch, se wöaren doch extra kunn füe dat Bier ze bezahle, er soll inne sohn wievell en demm Faaß noch drin woa. Doch dat woß der Hein esu jenau och net. Do han se sech jeeinich, dat jede ene Mark bezahle däät, on der Wijet meint janz erleichtert: "Su ihr Jonge, weil e nou esu ihrlech woat drenke me noch eine zesamme".

Mords Kohldampf

Eimol, no de Danzmusick, stonden die Musikante noch om Maat zesamme on han jätt jepläänt, do meint de Posaunis: "Mensch, ech han ene Kohldampf, ech könnt jetz ene Zweipönde on e Kilo Jehacktes vebotze." Do saat de Jotzmann: "Hein, wenn de dat friss, dann bezahlen ech et." Schön on joot, äwwe woher solle me dat nenn, jetz metten en de Naach. Do sohchen se dat de Heine Karl en de Maatschenk noch Lich hat. Do han se denn erous jeklopp on imm ihr Aanlije vüejedrohn. "Jo", saat der, "e zwei Ponds Bruut han ech noch do, äwwe wo soll ech jetz noch Jehacktes herholle"?

"Wemme dat noch erjendwo besorje, däät ihr et oos dann noch paratmaache?" "Jo, dat kann ech ööch maache".

Do sen die Männ en de Ahjass jezohre on han en de Metzjerei Rossbach Alarm jeschellt. Der Hannes kom em Naachspunnijel on de Pantuffele aan de Düe jeschluff on freesch janz veschlofe wat se wollten. "Mir brouchen umbedingk e Kilo Jehacktes, de Hein vehönget oos sons". Do hät der Hannes noch jätt vüe sech hin jeknoaz on inne dat Fleisch dorch de Müll jedräht. Dann sen se widde bei de Heine zeröck.

Der hät dat Hackfleisch schön parat jemaat, met Pääfer, Salz on joot jätt Öllisch. Dann hätte dat Bruut ob Stöcke jeschnedde, on der Hein hät sech met Jenoss aan et kimmele jejänn. Schön avweaßelnd hätte Stöck für Stöck en sech eren jespachtelt. Natüelech han se och e Jläsje Weng dobei jepetsch. Wie der Hein dann de letzte Brocke intus hat, botze sech met de Mau üwwe de Moul on saat: "Su, Herr Kapellmeiste, nou kanns de berappe, ech john jetz heim jätt ääße."

Joode Rötsch

En Lantesche han oos Musikannte ens om Neujohrsball jespillt. Met debei woaren die zwei Heimemänne von Deane, Vatte on Sonn. Der aale Heimemann hat Möh senge schwere Kontrabass de Lantesche Berech erop ze schleppe. Domols woa jo noch kein Flurbereinijung, on et jing nue dat schmale steile Päädche am ieschte Hous hennisch de Ellichsbröck erop üwwe de Berech. Em steilste Stöck woaren lange flache Stufe en demm Schiefejestein, on me moot schwer obpasse dat me Wentedaachs net ousrötsche dät.

Die Männ hatten de janze Owend fleißisch jespillt on natüelech zweschendorch och jätt füe de drüjje Hals jedoon, on wie se halev Naach heimjinge, woaren se all zemlich aanjeschlaare. Se jingen em Döüstere vüesechtech hennejenande. Doch wie dat steile Stöck kom, rötsch der aale Heimemann ous on schliddet met samp sengem Bass der janze Berech erav. Der Jong rööf imm janz objerääch noh: "Mensch Vatte, es de Bass am Aasch"? Do kom von onne als Antwoat: "Enää, de Aasch em Bass".

De Zoch vepass

An enem schöne heiße Summedaach woa de Ahweile Feuewehrkapell och ens en Lantesche, für beim Jongjeselle Fess de Fesszoch ze spille. Treffpunk woa beim Jörres en de Wijetschaff "Zur Post". Die woa metten em Dorf, on von do ous jing och de Zoch av. Doch ze iesch han die Musikante e paa Bierche jedronke füe ihre drüjje Hals widde aanzefeuchte, denn bei demm Treck üwwe de Lantesche Berech woa et baschtech heiß.

Wie se sech füe de Zoch obstelle sollte, mooten se natüelech noch all flöck ob de Klo füe de Druck avzelosse. Als letzte kom de Ulrichs Tünn dran, doch wie der ous dem Klo erous kom, woa en dem Vüeräumche de Düe zo. Der Tünn hät janz objerääch an der

Düe jeraggelt on jeklopp on jerofe, doch keine däät reajiere. On widde hätte jeklopp on jedout, jeraggelt on jerofe. De Schweißdröppche stonden imm ob de Stiern, on et Hezz klopp imm bes zom Hals erous. Wie kome jetz bei seng Kapell? De iesch Trompett doosch doch net fähle.

On noch ens hät der Tünn sech met Wucht jäjen die Düe jestämmp on jerüddelt on jerofe. Do huet er drouße at et Kommando: "Still gestanden, rechts um, im Gleichschritt marsch". De Musik fing aan ze spille on se maschierten ab.

Dä, - nou woaren se fott on der Tünn woa em Lokus enjespeat. Wat nou? Er däät ens deef Luff holle, botz sech met de Mau de Schweiß von de Stiern on fing aan ze üwwelääje. Irjentwie moote doch he widde erous kunn. Dat Lokusfinsteche woa jätt klein on och jätt huh, on zo allem Üwwefluss woa noch Fleejedroht dovüe. Dann dääte sech die Düe noch ens janz jenau bekicke on ens vüesichtech dran waggele, do däät die sech bewääje, on de Tünn moot met jrimmijem Jesiich on mem Bouch voll Wuut fesstelle, datte füe ene Schiebedüe stond.

Musick

"Musick wiet stüerend off emfonne,
weil se met Jeräusch vebonne".
Su hät de "Wellem Busch" ze Zeit jeschrewwe.
Doch saat ens selevs, es dat net üwwedrewwe?

Musick wiet doch net jemaat zom Vedruss,
Musick es doch jätt Schönes, en wahre Jenuss,
wenn harmonisch Töön drenge aan et Ue
pijano on forte, en Moll on en Due.

Me kann drop danze, dovon dräume on schwärme
on me kann sech de Siil dobei äwärme,
me kann se hüere bei Daach on bei Naach,
och einem schenke, der me jean maach.

106

Üwweall ob de Ead kamme se vestohn
on mieh wie met Wöat, kamme met Musick sohn
Et jööv en de Welt vellmieh Fredde on Jlöck,
wenn all Minche hätten e Hezz voll Musick.

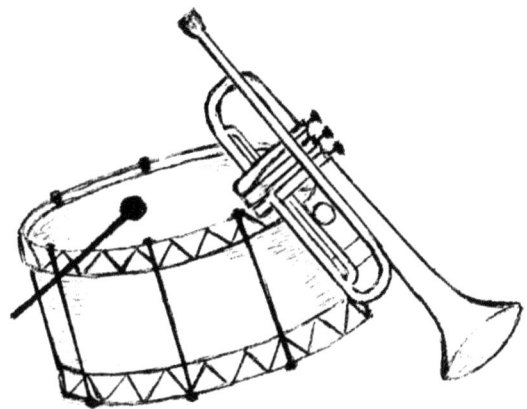

Ene fromme Besuch

Ene jonge Jeisleje Här kom als nöüe Pastue en e klein Dörfje
en de Eifel. E hatt winnesch Äfahrung, woa äwwe voll Eife on
nöü Ideehe. Ze iesch wolle natüelech seng Schööfje ens all
kenneliere on däät jede Daach ene Housbesuch maache. E wue
och üwweall fröndlesch emfange on zo Kaffee on Kooche
enjelaade.
En einem Hous troofe nue de Jrooß aan. Die jong Löck woaren
om Feld, on de Jrooß woa jrad de Köch am Botze. Ohne vell
Amberaasch däät se de Pastue en de Kösch op de Bank buxiere.
"Wenn e ene Moment waade wollt, ech sen jleich feadesch, on
dann könne me jätt schwaade". Dann jov se sech draan, met enem
zemlesch knuselije Lappe, de Headplaat ze schniejele bes se
blitzeblank woa. De Pastur freesch e besje velääje, ov e net leewe
e andemol widdekunn soll? Doch die Oma meint noch ens, se

107

wöa doch jleich feadesch on fing aan, met demm selewe Botzlompe de Backowwe ze wienere. Dann botz se noch met demm dräckeje Lappe üwwe de Desch on meint: "Su Hochwürden, nou drenke me ze iesch e Schnäpsje zesamme", on stallt zwei Jläsje ob de Desch.

Der Pastue woa heilfruh, datte net widde met Appel- on Prommetaat volljestopp wue, weil der im at baal an de Uere eros quoll. Die Jläsje woaren zwaa jätt stöppesch, äwwe Alkohol däät jo desinfiziere.

Do kom dat klein Enkelche eren jeschnief, et hat de Rotznas bes zweschen de Zänn hange on et Jesiich met Spinat bemeusch: "Oma, daasch ech jetz spille john, ech han jenoch jeschlofe"? Do nohm se sech ihre Botzlompe, schluddet en ous on botz demm Köttelche domet de Rotz ous em Jesiich. Se dräht ene Zibbel on pöttelt imm noch e paa Mömesse ous de Nas. Dann däät se jätt Spuck draan on rivv imm noch de Spinatkneutsch vom Back. Met jespreizte Fengere strech se imm dorch de Kröllesse on säät: "Su, nou kanns de john", on schupp et an de Düe erouß.

Dann nohm se sech die zwei vestöppte Jläsje vom Desch on däät die och noch met demm dreckije Lappe jröndlesch ouswische.

Der Pastue däät sech schüddele on leich de Farv weaßele. "Nou konnte ous denne Jläsje noch net ens mie ene Schnaps drenke, ohne de Bejowung ze kreie. Doch fleesch moht die Oma die Flasch jo en de joot Stuff holle john, dann konnte wännesch der Zeit noch flöck met sengem fresch jewöschene Sackdooch dorech seng Jläsje john".

Äwwe nää, die Schnapsflasch stond en de Köch em Schaaf. Die Oma schott beids Jläse bes aan de Rand voll, satz sech an de Desch on nohm ihr Jlas en beids Hänn. Dann leet se et widde loss, kick janz velääje vüe sech hin on üwwelaach: "Wie säät me eijentlesch füe ene Jeislije Här, do konnt me doch net einfach Broß soon, dat woa esu e jewöönlesch Woat. Nää, Broß Herr Pastue, su konnt se doch onmüjelesch sohn".

Der Pastue däät stell füe sech hinbedde: "Herr lass dieser Kelch an mir vorüber gehn". Äwwe de Här däät imm der Jefalle net.

Denn och die Oma scheck e Stoßjebettche zom Himmel: "Leewe Herrjott, loss mech doch jetz nett em Ress, on loss me jätt venöneftijes enfalle". Do hellt sech ihr Jesiech ob, se pack ihr Jlas widde met beids Hänn, hollt deef Luff on saat: „Halleluja, Hochwürden", on schlupp et en einem Zoch leddesch.

De Leicheschmaus
Eine Charakterdarstellung

"En Ewigkeit Amen", saat de Pastur. Er dräht sech eröm on zoch met sengem Meßdeene av. On do stond dat klein Häufje Vewandtschaff jätt veloare am Jraav von der joot aal Tant Söff.. Se dääten noch e Blöömche ob de Sarch werfe on noch e Tränche wegwöche, do säät de Tant Dreesje:
"Zom Leicheschmaus johme bei mech heim, ech han et meesch Plaatz. Dat han ech der joot Tant Söff vesproche". On at baal sooßen se rond öm de Desch bei de Tant Dreesje en de joot Stuff on schlooren sech de Bouch voll Streukooche.
"Joo", saat de Pöll, "dat die armTant at esu fröh en et Jras beiße moot, 75 Johr es doch noch kein Alte". "Nää", Meint de Tünn, "Die hätt noch joot on jean 10 Jöhrche maache könne, dann wöa et emme noch fröh jenoch jeweas füe de Löffel avzejänn". "Äwwe dat se noch esu vill ligge moot, dat arm Dier", jöhmert et Steng, "dat hät me doch en de Siel wieh jedoon". "At e Jlöck, dat se kein Pänz hatt", saat et Nies, "füe die wöa dat alles jo noch vill schlemme jeweas".
"Joo, die leev Tant", säät et Sting, "et woa jo esu e joot Minsch. Schaad dat se net sehn kann, wie me he all esu friedlech zesamme setze, do hätt se bestemmp ihr Freud dran".
"Joo", meint de Tant Dreesje, "et woa jo och ihr jrüüß Sorch, dat de Vewandtschaff keine Beerdijungskaffe krööch on met leddejem Bouch heim john mööt. Doch do han ech ihr vesproche dofüe ze sorje. Do woa se jo richtech fruh drüwwe, on zom Dank will se me ihre schöne Diamantreng vemaache. Dann han ech och

109

at e schön Aandenke an die joot Tant Söff".

"Wat! - Der schöne döüre Brilljantreng, füe dat besje billije Beerdijungstaat? Do bes de äwwe joot jesäänt met". reef dat Sting. "Mir hät se nue ihre Porzeleng vesproche, weil ech se esu off jeföödet on vesorch han, wie et ihr esu schlääsch jing, dofüe woa se jo emme arch dankbaa".

Et Nies säät: "Mir will die joot Tant ihre schöne Pelzmantel vemaache. Der hatt se emme aan wenn ech met ihr en de Stadt enkaufe woa, wie et ihr noch besse jing. Se meint, do sööch ech bestimmp staats dren ous".

"On mie hät die Tant ihr janze Möbele jeschenk", fing de Daije aan ze frotzele. E jriemelt listech vüe sech hin on säät:. "Tja, an mir hatt se jo de Jeck jefresse. Mech hät se emme beföökelt, on ech konnt alles von ihr han. Ech woa jo och ihr Lieblingskend als jöngste Jroßneffe".

"Wat!- Leiblingskend", reef der Tünn. "En Lomp bes de"! "Dat niss de zeröck"! "Nöüs nenn ech zeröck, dou woas at emme ene Vilou, on ech mööch wesse wie de die Aal beschwalek häss. Denn dou häs keine Fenge füe se kromm jemaat. Ech woa derjinnisch der sech avjerackert hät on ihr emme et Holz füe de Kachelowwe parat jemaat on eren jeschleiv hät. On dofüe well ech der schöne antike Wunnzemmeschrank han".

"Wat wells de dann domet", meint de Daije jrinsend, "do häs de jo jaa kein Plaatz füe en dengem enge Jehöösch". "Han ech doch. Wenn ech dat aale Schaaf ous de Stuff erous schmeiße on der andere Krom jätt ömstiwwele, dann pass der Schrank, on der will ech och han, der han ech me soue vedeent".

"Nou zänkt ööch doch net", saat der Pöll, "suvill schön aal Möbele kamme doch obdeile. On schließlech es jo och noch ihr Höüsje do, dat wöll se oos allzesamme vemaache hät die joot Tant Söff me vezallt wie ech ihr em Fröhjohr de Jade parat jemaat on de Hecke jeschnedde han. Dann könne me dat vehöökere on die Krööte onnech oos obdeile. Oos leev Tant wiet at alles zom Beste jerejelt han".

Sechs Woche spääde woa Testamentseröffnung. De leev

Vewandtschaff sooß aanjespannt am Jerich on eine schielt meßtrouesch nom andere. De Richte schlooch seng Mapp ob on fing aan ze läse.
"Mein letzter Wille ist, dass mein gesamtes Vermögen der Kirche zufällt". Unterzeichnet: "Sophia Rommerskirchen"
Schnaaf, paaf feel bei de Vewandtschaff de Kinnlad erav. Nue de Daije fing schallend aan ze laache. De Tant Dreesje hat sech als ieschte widde jefange on saat: "Nää. nää die joot Tant Söff, esu en aal schrämpesch on hendefotzesch Schrappnäll.

E su en Kööte

Em Schäng senge Hond kom met enem Duude Kanickel aanjeschläpp. Wat woa dat en Schreck. Sujätt hatte jo noch nie jemaat. De Farv noh woa et e Kneng vom Noope. Do wue ze iesch ens berode wat ze maache wöa, on die Frau meint: "Am Beste schmuggels de et wenn et döüste wied widde en senge Stall zeröck, fleesch merk et jo keine". Velätz schong et net ze sen, nue schwer dreckesch. Do han se dat Kneng ze iesch ens jröndlech jewösche on mem Frotteedooch avjerubbelt. Dann wue et noch schön drüsch jeföhnt on jlatt jebüesch. Zom Schluß sohch et ous wie nöü, on de Schäng hät et stekum zweschen Daach on Döüste en senge Stall zeröck braach. Su, dat wöa noch ens jootjejange, et hät keine jätt jemerk, meint de Schäng wie e heim kom. Doch dat hatte nue jedaach.
Am nächste Morje stond de Noope vüe de Düe on saat: "Bei oos es jätt janz komisches pasiert, könnt ihr ööch dat fleesch erklääre? Ech han jeste Nommendaach e duut Kanickel en mengen Jaade bejraave, doch höck Morje woa do nue noch e jruß Loch en de Ead, on dat Kneng looch widde fein säubelech en sengem Stall.
Su kann et einem john, wemme von sengem Hond schläächte denk wie e es.

Vedoon - vedoon

Wat och em Lewwe su pasiert, et pasiert emme eimol et ieschte Mol, on manchmol Johrzehnte ze spät.

Et Irmche woa zojezohre on hat en schön Wunnung om Aale Bou en einem von der Reihehöüse ob de ieschte Etaasch. Et hat sech joot enjeleww on fohlt sech richtich wohl en oosem schöne Städtche.

Eimol wue et metten en de Naach von enem loute Jeräusch ous em Schlof jeschreck. Wat woa dann dat? Et huet sech aan wie Kratze aan de Houswand. Do, do woe et widde. Dann huet et ob de Stroß Jeschwätz. Ob dat Besoffene woaren, die de Housdüe net fonne? Doch do woa widde dat Kratze aan de Wand, dereck newisch em Schlofzemmefinste. Et Irmche pack de Neujier. Et zoch de Bademantel üwwe, mooch leis et Finste ob on spinks ens vüesichtich erous.

Do stond ob ene huhe Leide direck vüe imm ob jleiche Hüh ene jonge Puesch. Zweschen de Zänn hatte e paa Stöcke Koad hänge. It säät füeren: "Wo wells dou dann hin, de Housdüe es onne". Do sohch et ob de Stroß noch mie Jonge stohn die debei woaren ene Maibaun obzestelle. Do moht et doch laache. Et reef inne zo: "Dat es äwwe richtech nett von ööch dat e me trotz menge 78 Johr noch ene Maibaum stellt, dat es de ieschte en mengem lange Lewwe.". Do sohch et onne nue vedutzte Jesichte, on der Jong ob de Leide saat janz vedaddert: "Der Maibaum soll doch füe et Franziska sen". Do moot et noch mie laache, on säät: "Do hadde äwwe de vekiehrte Housnumme erwisch. Et Franziska wunnt newwenaan em Nopeschhous. Do fingen die Püesch onne lout aan ze jrööle, on eine reef erop, "vedoon, vedoon, entschuldicht Oma, dat me ööch jeweck han, et soll net widde vüe kunn". Dann zochten se laachend met ihrem Maibaum on der lange Leide no em Nopeschhous. Et Irmche es dann widde en seng Bett jekroche on hät stell vüe sech hin jedräump wie schön et doch wöa, wenn su ene nette Jong imm noch ens ene Maibaum stelle däät.

Ene Mäateszoch füe en et Jinnesbooch

Dat Vezällche hät sech en de achzije Johre en enem Dorf ob de Jrohschaff zojedrohn. De Schultes on de Lehre hatten e jruuß Problem. Et einzichste Pead em Dorf däät lahme on doosch mindestens viezehn Daach net bewääsch weare, on üwwemorje woa Mäatesdaach. "Dat es jo ene schöne Schlamassel", meint de Schultes, "dann moß de Sank Mäates düss Johr ze Foß vüerem Zoch herlaufe". "Bes de veröck", protestiet de Lehre. "Häss de de hellije sank Mäates at ens ze Foß laufe sehn, dat jeit net, die Blamaasch könne me oos net aandohn. Dann wöa et jo noch besse wenne mem Fahrad vüerop fahre däät". "Öm Joddes Welle", widdesproch de Schultes, "dann dääten sech all Noopeschdörfe üwwe oos löstesch maache. Ene Mäates met Helm on Schwert on wehendem Mantel om Fahrad, dat es doch lächerlich". Doch plötzlech kom inne en Idee. De Dr. Rüdiger, ene reiche Industrielle, hatt vüe kuetem am Dorfenjang dat aale Heerehous jekauf, on der hatt e Pead. Do sen se jleich zesamme hin füe met demm ze Vehandele. Der Hea woa och dereck envestanne, su konnte sech bei de Dorfbewohner at jätt belieb maache, denn die woaren arch fremp imm jäntüwwe. E konnt zwaa seng Pead an dem Daach net selvs regge, weile dringend jeschäfflech fott moht. Äwwe er meint, senge Schimmel, de Silverwend wöa siehr ruhich on joodmödich on leet sech leich von jedem führe deren am Züjjel heelt. Demm Schultes on em Herr Lehre feel en Stein vom Hezz, nou woa de Mäateszoch füe düss Johr jerett.

Et Mechels Katringche, en röstech Endsibzijerin, hatt en düsem Johr ihr zwei Enkelinne von Adde met Urenkelche enjelade. Se woll inne stolz ihr berühmp Tradizionsfess präsentiere, besondesch dat riesije Mäatesföüe woa en de janz Jäjend bekannt. Wie se zesamme am Sammelplatz aankome, han se ze iesch dat schöne Pead bewondet. Der föürije Schimmel joov at jätt mie her wie der lahme Ackejaul vom Boue Justen. On et Zimmemanns Pitteche, der at johrelang de Sank Mäates mohch, sohch ob demm Schimmel, en sengem ruude Ömhang on Helm on Schwert jleich

113

e paa Nommere besse ous wie op der aal Mähr.
De Obstellung woa jedes Johr jleich. Vüerop rett de Sank Mäates.
Dann kom de Tambormajor met de Musick. Dohennisch komen die janze Schollpänz met ihre Fackele, on zeletz et üwwerije Fooßvolk met Kend on Kejel.
De Schultes hat met Hezzkloppe demm dreiwe zojekick. Ob der "Silverwend" sech werklech esu problemlos führe leet wie senge Besitze vesproche hat? Doch wie e et Startsingnal füe de Zoch jov, nohm de Schachers Hännes, de kräftischste Puesch ous em Dorf, sech de Züjjel on der Schimmel satz sech en ruhijem Schritt en Bewäjung.
Wie die üwerije Zochteilnehme enschließlech Mechels Katringche met Enkelinne on Urenkelche jemächlich hennech em Sank Mäates hermaschierten, däät de Schultes on de Herr Lehre erleichtet obödeme. Noh onjefähr hondet Mete hat de Spetz vom Zoch de Kerch erreich, on dat woa Oat on Zeitpunk füe de Musickkapell et ieschte Mäatesleed aanzestemme.
Nou woa der "Silverwend" e Dressurpead der beim Klang von Blosmusick automatisch en Trab üwwejing. Wie nou die Musick de ieschte Tön von " Sankt Martin ritt durch Schnee und Wind" spille däät, spetz der Schimmel de Uhre on fing dereck aan ze laufe. De Sank Mäates on och de Züjjelführe wueren von dea nöüe Jangart völlisch üwwerasch. Et Zemmemanns Pittesche wue ruckartisch noh henne jeworfe on konnt sech nue met Möh em Saddel haale, dobei ballisch imm senge schöne Helm samp Fedebusch vom Kopp eraff on schibbelt üwwe de Strohß. Dat Pitteche hing ob demm Pead wie ene naasse Sack. E heelt sech krampfhaf an de Mähn fass on hops bei jedem Schritt op on av. De Schachers Hännes dojäje vesook dat Dier ze haale, doch dobei wuere su stark noh vüe jeresse, datte üwwe seng eije Bein jestolpert on en de Sood jeland es.
De Tambormajor sohch met Entsetze, dat der Abstand zom Sank Mäates emme jrüße wue on fing och aan ze laufe. Dobei dääte de Takt beschleunije on sengem Laufschritt aanpasse, on die janz Musikkapell leef hennischher. Och die Schollkende met ihre

Fackele fingen aan ze laufe, die wollten jo bei de Musick bleiwe. On schließlech leef et ressliche Fooßvolk metsamp Mechels Katringche met Enkelinne on de Urenkelche em Kendeware hennischher. Doch et Katringche moht baal objenn. Et reef senge Enkelinne zo: "Lauft Kende lauft, ech kunn jleich noh". Die Löck, die am Stroßerand jafften, ressen Moul on Nas op. Se hatten jo at vill jesehn, äwwe ene Määteszoch em Laufschrett, dat woa janz jät Neues. Die Musik wue enzweschen emme dönne, denne Blösere on Fleutemännche jing langsam de Ödem ous. nue dat Krafpaket wat de Deck Tromm schlooch hät bes zom Schluss dorchjehaale on füe de richtije Tak jesorch. Wie de Silverwend mem Sank Määtes endlech et Määtesföüe erreich hat, blev e brav stohn on fing aan et Jras am Stroßerand ze fresse. De Sank Määtes rötsch käsweiss von sengem Röck erav, on hät sech ze iesch enz öantlech bejöbbelt. Die Hopserei op demm Peadsröcke woa em schlääsch bekunn. E konnt koum john, weile sech senge Hendere wondjeredde hat. Üwweall huet me de Kende knaatsche, weil üwwe de hälef von de Fackele beim Laufe Föüe jefange hatte on avjebrannt woaren. Die Pänz mohten ze iesch met enem Määtesditz jetrüüs weare. Als letzte Zochteilnehme kom et Mechels Katrengche keuchend aan. Et woa klätschnaaß jeschweiß on hät als ieschtes em Schultes et Dier ousjerofe, wat imm enfeel ihre Jäss ous Adde esu ene kaotische Määteszoch ze beede. Dat wöa jo hanebüüchen. Noch Johre späde woa der Määteszoch von 1984 Jesprächsstoff ob de Jrohschaff. Ene Zoch der en Sreck von zweionenemhalwe Kilomete en nur 18 Minute jeschaff hatt woa net ze schlare on domet "ene Määteszoch füe en et Jinnesbooch.

E schön Jeschenk

Wat ech he vezelle well, hät sech en enem kleine Eifeldörfje zojedrohn. Zwei älde Löckche hatten sech am Dorfousjang e klein Jrondstöck met enem Fachwerkhöüsje jekauf. De Wassepomp on och de Lokus woaren em Höffje, wie dat fröhe esu üblech woa. Doch dat hät demm Opa janet jefalle. Ze ijesch hätte die Pomp no drenne velaach, dat se nemmie zofriere konnt. Dann hätte ene Wendfang vüe de Housdüe jebout, esu jruß, dat de Plumsklo met eren passe dät. Jetz woa Schluss met der Fleeje em Summe, on em Wente dät me sech och de Hendere nemmie vekaale.

Weil die Oma die Qualmerei vom Opa net vedraare konnt, hät der sech der Lokus esu richtesch jemütlech enjeriech. E hät en tapeziert on ihr Huchzeitsbeld an de Wand objehange. De Opa säht emme: „Dat es meng Kabinettche, he kann ech met Rouh meng Peif rauche on dobei de Zeidung läse„. De Kende von der Löckche wunnten och em Dorf. Se komen at enz öfftesch langs füe no inne ze kicke on jet ze schwaade.

Eimol han se denne zwei vezallt, dat se Besuch hatten on owends Fondü jemaat han. Do konnt sech jede en demm Fondüpott seng Fleisch selevs brutzele, on dat hät vell Spass jemaht Jetz woll de Opa on de Oma äwwe janz jenau wesse wie dat met demm Fondüesse jing, on die Kende han inne alles jenau erkleart on heimlech beschlosse, denne zwei esue Döppe zo ihrem 40ste Huchzeizsdaach ze schenke. Se wollten jo net jruß feiere, do konnten se et sech owens jemütlech maache on Fondü brutzele, on wenn noch eine ze Besuch kom, hatten se och jet do.

Nommendaachs komen se dann allzesamme aan füe ze jratuliere on braachten füe de Opa on de Oma e jruß Paket met. Noh em Kaffee wue dann ousjepack.

Dat woa en Üwweraschung. En Fondüpott met allem dröm on draan. Et Jestell wo dat Döppe drop kom, de Speritusbrenne metsamp Speritusflasch, et Fett füe en der Pott on Fondü-jaffele on teller. Sujar et Fleisch, de Zaus, on et Bagettbrut woa dobei.

Die Kende han denne zwei noch enz alles janz jenau erklärt on inne vell Spass jewünsch, on sen dann heim jejange.

De Opa woa janz bejeistert on meint: "Am beste probiere me dat jleich ous, dann brouchs Du net de halewe Owend en de Köch eröm ze brassele. De Opa hät dann der Apperat feadesch jemaat, on de Oma hät schön de Desch jedeck on e Jlas Weng enjeschott. Dann han se sech jemütlech hinjesatz on et jing loss. Ze ijesch hät och alles jot jeklapp on se hatten richtech Spass debei. Doch dann woa demm Opa e Stöck Fleisch von de Jaffel jeflutsch. E woll et widde erous feeke, doch bei sengem Eggel hätte sech esu tabbessesch aanjestallt, datte et nemmie ze packe krohch. Do schmesse seng Jaffel hin on raaf met de Hand en der Pott eren. Doch dat hätte besse net jedohn. Der Opa bröllt ob, ress dat Döppe vom Dreibein, danz en de Stuff eröm füe Peng on joult wie ene Katzeremmel em Fröhjohr. Dann resse de Düe ob on rannt bei de Dokte.

Wie de Opa weg woa, konnt de Oma sech met der Bescherung kreije. De Desch hat kein Politue mie, de Deschdeck, Stöhl on Teppisch woa voll Fettspretze, on et halewe Fleisch lohch ob de Ead. Do nohm se der janze Krom ön kipp dat heiße Fett met samp Fleisch on Spiritus en de PLumsklo. Se woa jrad mem Obröüme on botze feadesch, do kom de Opa heim. E hat de Hand deck vebonne, on jänt de Peng hatte en Spritz krääsch, äwwe dat janze Jedööns woa imm doch ob de Maare jeschlohn. Do esse ze ijesch en seng Kabinettche. Wie e jot ob demm Klo drop soß, dat woa alles jet ömständlech met eine Hand, do stoppe sech ze ijesch seng Peif. Dann klemmpe sech et Streichholzdösje onnesch der kranke Arm, mooch met der jesonde Hand et Streichholz aan on dann seng Peif. Dat brennende Streichholz schmesse dann wie emme zweschen de Bein en de Lokus, doch dat hätte besse net jedohn. Et mooch Baff,- on en Stechflamm schoß ous demm Pott, on der Opa floch met samp Klobrell dovon. Senge Hendere on noch jet mie woaren vesengk, on de Hemdezibbele hatten Föüje jefange. De Opa schrie wie am Spieß on rannt erous. De Oma huet dat Jeschrei on sohch dat Föüje. Jeistesjejenwärtesch schnapp se sech de Botzeime der noch füe de Klodüe stont, on schwapp, krohch de Opa dat Wasse met samp Botzlappe füe de Fodt jeklatsch. Nou sohch de Opa von onne ous wie en affjesengte Janz füe Määtesdaach. Dann kome en et Krankehous, on do han se imm seng Laufjestell on alles drömmeröm vebonne. E konnt sech koum mie bewäje. Do lohche nou on hät sech de Kopp zebroche, wie dat pasiere konnt met der Explosion en sengem Kabinettche. Spääde hät de Oma imm dann alles vezallt. Der Fondüpott es ob de Speiche kunn on nie mie besehn woare, on schwätze dohsch och keine mie dovon wenn de Opa dobei woa.

Ob ene Bildungsreis

Die Bildungsreise sen jo höck schwer "in". Me kreit se üwweall aanjebodde on se sen jo och arch belieb. Schließlech well jo jede jätt füe seng Bildung doon.
Mir han ens en Bildungsreis no Irland jemaat. Dat es jo esu e schön Land, on me han vell schönes jesehn, on och vell intresantes ze hüere krääsch.
Och die Jespräche, die me esu zweschendorech von de Metreisende obschnapp, sen off schwer jeisreich. Su han ech em Bus ens en Weil enem Ehepaa wat vüe me soß zojehuet. Me fuhren langks de Küste, ob eimol meint die Frau:
"He es et Jras vell jröne wie bei oos". Drop er. "Joo"
Jätt spääde: "Och, he sen och Köh ob de Weid". "Joo"
"Do henne die Koh hät sech hinjelaach, die es bestimmp möd". "Joo" "Och kick enz, wat die ein Koh füere Jesiich määt". "Joo"
"Dä, jetz fänk et onnoch aan ze Rääne, jetz wearen die Köh naaß". "Joo"
Jätt spääde: "Och, kick ens, he es och ene Kerechhoff, wat die ene schöne Blick ob et Meer han". "Joo"
Dann komen e paa einzelne Höüse, on e paa Puute woaren en enem Hoff am spille.
"Och, kick ens, he wunnen och Pänz". "Joo"

"Ob die he och en de Scholl john mösse"? "Weiß ech net".
Jätt spääde: "Kick ens, wat Schof". "Joo"
"Ov die keine Sonnebrannt kreije, wenn se frisch jeschoare sen"?
"Weiß ech net".
"Die schwazz Schof schweißten doch bestimmp schwer, wenn de
Sonn esu knallt". "Joo"
"Watt die Felse he steil ennet Meer john, wenn e Schof do eraff
flüsch es et duut". "Joo"
Do han ech mech flöck widde zeröck jelehnt on meng Uere ob
dorechzoch jestallt. Ech hat Angs menge Jehienskaste däät me
sons baschte, denn noch mie Weißheit on Bildung konnt ech mem
beste Wille nemie vekrafte.

Mie Säü

Et hät sech noch em vörije Johrhondet zojedraare, esu am
Aafang von de Dreißije Johre. De Bischoff Bornewasser, domols
woa der Bischoff en Trier, woll ens jean en Woch Uelaub en de
Eifel maache. Äwwe janz en Ziwil. Er woll sech ens janz
onjezwonge met de Löck ondehaale, ohne emme sääne ze mösse
on senge Reng jebütz ze kreie, on ohne dat de Löck emme
Kniefäll vüe imm dääte. Esu kome bei enem Spaziejang och ens
met enem Söühiet en et Jesprääsch.
Der Söühiet hät sech natüelech jefraut, dat sech esu ene feine Här
füe seng Arbeit intresiere däät on hät em Bischoff senge janze
Daaresavlauf vezallt, datte morjens fröh em Doref von Hous ze
Hous jing on de Söü ensammele däät on dann met inne ob de
Weid jing. Do blev e dann de janze Daach. Füe Mettaachääße
krööche emme ene Kannte Bruut met on manchmol och e Endche
Wuesch ode Käs on noch ene Pott Muckefuck. Jäänt Owend
brääche dann die Söü widde en et Doref zeröck, on die wöeren
esu schlau on fönnen all ihre eijene Stall widde.
Do hat de Bischoff en och jefrooch, watte dann dobei vedeene
däät. Do meint der Söühiet: "Net vell, er krööch zwei Daler de

119

Woch on dann jinge owens reihöm ääße, on do köme at janz joot hin". Do saat de Bischoff, er wöe jo och Hirte, äwwe er däät doch e besje mie vedeene. Do krooche ze Antwoat: "Dann hadde och bestimmp mie Söü".

Ene drenkfeste Kellemeiste

Et woa en der Zeit noh em ieschte Weltkreech. Do kom ene Englände, der joot jätt aan de Föß hat, Johr füe Johr als Summejaß no Ahweile. Om Maat beim Steanewijet dääte sech dann jedesmol füe e paa Woche enmeede. Oos jemütlech Städtche hatte en et Hetz jeschlosse. Die schön Fachwerkhöüse, die aal Stadtmoue met ihre Poaze on füe allem, dat jesällije Völekche wat dren lewwe däät. Am meiste imponiert imm die Drenkfestichkeit von de Ahweile Löck, dat die ene Kübbel Rude böüsche konnte, on dann noch schnack heimjingke. Er woa at noh em dritte Jlas Weng knöll, on hatt Möh de Trapp erop on en et Bett ze kunn.

Eines joden Daachs ondeheelt e sech mem Steanewijet dodrüwwe. Do meint der: "Dat es alles nur Übungssaach. Do moß me janz langksam aanfange on dann jede Daach e besje mie drenke, bes me et kann." Do fing der Englände och jleich aan ze träniere, schön langksam on üwwe de janze Daach vedeilt. Wie seng Ähoolung eröm woa, packe at en janz Flasch. E nohm sech ene Koffe voll Weng met heim, on leed en sech Mond füe Mond kesteweis nohkunn.

Wie e em nächste Johr widde noh Ahweile en de Summefrisch kom, hätte janz stolz bei em Steanewijet jestruns, datte jetz och ene Stiwwel voll vedraare, on et met jedem Ahweile Börje obnenn könnt. Er woll esuja mem Franz wette, wenn der "imm" ene Einheimische besorje däät, der "inn" onnech de Desch drenke könnt, dann wöll "er" die Zesch berappe. Wenn "er" äwwe jewinne däät, dann jink alles ob de Steanewijet.

Der Franz nohm die Wett aan. Er laach sech heimlech eine en et Föüsje on bestallt sech ene aale drenkfeste Kellemeiste. Der woll et jean met demm Englände obnenn. Die zwei satzten sech en de Wijetschaff en e still Eckelche. Jede krooch e Jlas on jede en Flasch Rude. Se han sech enjeschott on zojeprohs, on dat Besäufnis jing loss.

Jlas öm Jlas wue läddesch jepött on Flasch öm Flasch. Dobei wueren Vezällche jehaale on och jelaach. Zweschendurch joof et emme widde jätt ze Kimmele. E paa Wueschbotteramme, odde e Stöck met Kääß. Su jing dat de janz Naach durch, bes en de fröhe Morjestonde.

Se woaren enzweschen bei de 14. Flasch, do fing der Englände aan de Aure ze vedrähe. E konnt koum noch lalle. On wie e seng Flasch halef läddesch jepichelt hat, do sacke janz siddesch onesch de Desch. Der Kellemeiste prohs em noch ens zo on süffelt jenößlech seng eije Flasch läddesch. Dann schluppe noch die halef von sengem Zeschkumpan on reef demm Wijet: "He! Franz, breng zwei nöü Flasche on ene nöüe Englände."

Vezällche vom Weng

Vüe lange Johre sen e paa mööde Wandere an de Ah en ene kleine avjeläjene Heckewijetschaff enjekiehrt. Et woa nue die aal Jrooß em Hous füe ze bedeene. Die Männ hatten sech ene joode Ruude bestallt Do hollt dat aal Mötteche e paa Flasche selevs jekeltete Weng ous em Kelle on stallt se inne ob de Desch. Se schotten sech de Jläse voll on probierten on probierten. Et woa e joot Dröppche on och schön söffesch. Äwwe se konnten sech net einesch weare wat et füe ene Weng woa, ob ene Portojiese ode ene Borjunde.

Schließlech freechen se dat Mötteche, woröm ob der Flasche kein Edikette wöaren? Se dääten sech jean e paa Flasche metnenn, äwwe do mööt doch drop stohn wat et füe en Soat es, on wat füe en Laach, on och de Johrjang on de Name vom Winze, dat wöa

121

doch wichtech. "Jo, wenne meint", saat dat Mötteche on zoch ab. Jleich drop kom et widde on hatt ene janze Paggel aal Edikette on laach se inne ob de Desch. "He könnt e ens kicke wat ööch dovon jefällt, dann doot e se ööch selevs dropklewwe"

No em Drenkzoch, der es jo alle drei Johr beim jruse Schötzefess on jeiht de janze Naach dorech, kütt esu mancher zemlech aanjeschlohn heim. Esu och de Pete. E kom jrad wie senge Bapp ob de Arbeit john woll. De Pete woll sech seng Fahrrad schnappe füe och ob de Arbeit ze fahre, doch senge Bapp pack en am Krare on dout en aan de Housdüe eren on de Trapp eropp on meint, e soll iesch senge Rausch ousschlofe. Doch de Pete fonn, er wöa noch stock-nööte, on er möht öm sechs Uhr en Jelsdorf sen. Do saat senge Bapp: "Dat schaffs de nemmie, me han jetz at halewe sibbe". Dropp de Pete: "Dat mäht nöüs, wenn ech jätt flöcke fahre, hollen ech dat ondewääschs widde ob".

Eine von der janz jonge Kealche stond morjens öm sechs aan de Stadtmoue on woa am Kotze drop on dewidde. Do klopp imm eine von der Aale ob de Scholde on saat:
„Jong, dou määs et richtich, schunn dou deng Aaschloch"

Wengdöüwelche

Wengdöüwelche, Wengdöüwelche, wo kutt e her?
Ob de Desche stohn Jläse, de Flasche sen leer.
Die Löckche schunkele vejnööchlech on senge,
Vezällen sech Steudche on sen joode Dinge.

Die Döüwelche flüstere: "Drenkt, sed net bang.
Et es doch so löstesch on de Naach wiet noch lang."
De Löck prosten on drenke füe de Stimm ze ööle,
doch statt dem Senge hüet me baal nur noch jrööle.

On se soufen, maachen Feez, on me hüet se sohn,
"Ech kann noch ene janze Stiwwel voll vedroon".
On se danzen ousjelosse ob Bänk on Desch.
Die Wengdöüwelche jriemele on freuen sech.

Wengdöüwelche, Wengdöüwelche, dreivt et net ze doll,
Ihr seht doch, dat Völekche es at steanharelvoll.
Doch die Döüwelche steijen en de Köpp eren,
on de Löck han nue noch wirr Zeuch em Sinn.

On de Maare dräht sech, selvs de Weng schmeck nemmie
de Bein sen waggelech on weich de Knee.
Se können nemmie denke, nue noch Schwachsinn lalle,
on der ein es om Heimwääch en de Sood jefalle.

Der andere hält sech am Lateanepohl fass,
on kühmp, on bejöbbelt sech metten ob de Jass.
Se stohn schwankend füe de Housdüe on jrüwele lout:
"Vedammp, die Döüwele han et Schlösselloch jeklaut.

Wöa ech doch mem Hendere daheim jeblewwe.
Wengdöüwelche, ihr hat et ze arch jedrewwe."

Oos Wengkultur

Wie die Römere kome, vüe lange Zeit,
maaten se sech em schöne Ahwillere breit.
Se sookten et alleschönste Pläätzje ous
on bouten sech am Jisemebaach ihr Hous.
Se bebouten de Äcke on heelten sech Veeh
esu schön wie em Paradies lewwten se he.

Doch fruh woaren se net, on dat hatt senge Jrond,
de Weng däät he fähle, denn der woa jesond.
Füe all Krankheite on füe de schlemms Peng,
woa de bäss Medezin, e joot Schöppsche Weng.
On dat däät inne schwer ob em Maare leije,
woher könnt me blos e paa Wengetsstöck kreije?

Doch dann kom inne en jlänzend Idee.
Vom Reiseproviant woa doch noch jätt he.
En demm Böggel woaren doch noch Rosinge,
die Kean dodrous mööt me en de Boddem bringe.
Bei demm Klima könnten die keime on waaße,
Dann hätte me he baal Wengetsstöck en Masse.

Do han se sech jleich aan de Arbeit jemaat,
de Ead objekötsch on de Keanche jelaat.
Die Laach woa joot on de Hang voll Sonnescheng,
wat he wues, jov bestemmp ene jode Weng.
De Herrjott däät senge Sääje dozo jewwe,
on at baal woa der janze Berech jröön von Rewwe.

No e paa Johr hingen de schönste Drouwe draan,
on die Römere finge jleich mem Keltere aan.
Et wue jeläse, jestamp, vejohre on jepress,
wat woa dat en Freud bei de iesch Drouweläs.

Zom Reife me de Weng en Tonkröösch fülle däät,
datte schön söffesch wue on net esu frääd.

Nou hatten se alles wat se jlöcklech maat,
on et wue Wenget füe Wenget nöü aanjelaat.
Se lewwten he zefredde noch füe en lang Zeit,
on die Rewwe maaten an de janz Ah sech breit.
De Wengkultur däät sech he üppesch entfaale,
on mir doon se höck noch huh en Ihre haale.

Wengetskrom

Enem Pastue, von de Owwe Ah, woa de Messweng ousjejange. Do jinge zo enem Winze füe nöüe Weng enzekaufe. Ze iesch wolle natüelech e paa Soate probiere, schließlech soll jo keine schläächte Weng en de Mess vewandelt weare. Noh de drette Kossprob meinte, er däät sech jo janz jean enz die Wengetsstöck aankicke an denne die Drouwe jewaaße sen. „Jo, saat der Winze, dann maache me e Jängelche dorch de Wengede". Am ieschte Wenget aankunn meint der Pastue, die Drouwe hingen jo werklech schön on esu jesond. Nue die einzelne Köanche dööschten jät decke sen, ewwe me sööch trotzdemm dat senge Chef do owwen jot metjewerk hät. Der Winze schrömpelt de Stien on säät: „Naja, e besje Sääje vom Himmel brouche me schon".

Dann jingen se weide füe sech noch ene andere Wenget aanzesehn. Dat woa en nöü Soat, on die Drouwe, richtich jruuse, lange Schlibbere, hingen aan de Stöck wie draanjeräänt. Der Pastue fing aan ze schwärme: „Was ist das doch eine Pracht, da hat mein Chef da oben wirklich ganze Arbeit geleistet". Der Winze züsch widde de Stien krous on säät nue: „Na ja,".

Beim Weidejohn komen se an enem janz vekummene Wenget vebei, wo de letzte paa Johr nöüs draan jedoon woa. Do stond et Onkrout metehuh, on die Rewwe waren well enenande vewueschtelt. Nue he on do sooch me e paa klein kröötschech Kräbbelche hänge. Do fing der Pastue aan ze lamentiere, wie me su ene schöne Wenget nur esu vekunn losse könnt, on dann en so ene joode Laach, dat wöa jo en Sönd on en Schand.

Drop schupp der Winze met de Scholdere on saat: „Jo Herr Pastue, esu sieht ene Wenget ous, en demm ihre Chef do owwen allein jewietschaff hät".

Ahweile - Leed

Von Stadtmoue on Poaze es oos Heimatstadt ömrengk,
de Fachwerkhöüsje sen de schönste Schmuck.
De Kerchtuen stolz on mächtesch jedem zowenk,
schön es et Lewwe he en oose Stadt.

De Winze en de Wenget jeiht, en alle Herrjottsfröh,
an steile Häng, do schaff e Johr on Daach.
En jode Hervs belohnt imm Arbeit, Schweiß on Möh.
Jean drenk me Rude he en oose Stadt.

Wenn Winzefess de Fesszoch dorch jeschmöckte Stroße jeiht,
et Volk om Maat dat schunkelt danz on laach,
om Altstadtfess de janze Stadt voll Bude steiht,
kamme joot feiere he en oose Stadt.

On wenn de Schötzezoch de Ahjass kütt erop maschiert,
met Tamborchor on Blosmusik on Fahn,
on ob em Maat em Schötzekünning präsentiert
schleit einem hu et Hezz nur füe oos Stadt.

Jo, dat es Ahweile, oos Heimatstädtche,
met schöne Fachwerkhöüsje schmuck on traut.
met fruhe Minche jot von Hetze.
Jo, dat es Ahweile, oos Heimatstadt.

De Jlock von Laach

En Laach hängk de Jlock onesch em Daach hüet me Dall ob on Dall av.

Vüe lange Zeit hing die Jlock en Laach, enem kleine Winzedörfje an de Ahr, zweschen Mayschoß on Aldenah, em Jlocketuen von de Kapell on reef de Löck zom Jebett.

Dann, em Johr 1804, kom die Naach met der veherende Flut die et janze Dorf wegjeraff hät.

De Ahr hat at joot Wasse vom letzte Jewidde en de Eifel. Dann kom en de Naach en schwere Wolkebruch on de Ahr schwoll aan zo enem welde reißende Fluß.

De Löck em Dorf lochen en deefem Schlof, Nue die aal Jroß konnt kein Auch zodoon. Se soß ziddernd en ihrem Bett on huet met Angs on Schrecke dat Tobe vom Sturm on dat Trötsche on et Rousche von de Ahr wat emme loute wue. Do pack se sech ob on sohch dorch et Finste, dat de Ahr at dorch de Stroße leef. Flöck Hät se sech en de Mantel jeschmesse, e Dooch öm de Kopp jefreidelt on Schohn an de Fööß on sech met vill Möh on Nut dorch Sturm on Rään jekämpf bes en de Kapell. Em Döüstere hät se noh em Jlockestrang jetöhp on sech met letzte Kraff draan jehange on jelout, jelout, on jelout.

Em Nu wue et em Dorf rebellisch. Üwweall jingen de Dürre on Finstere ob. De Löck komen erous on leeten et Veeh ous de Ställ. Dat stapf lout bröllend on blöökend em strömende Rään de Wengende erop, on de Löck kraxelten met Sack on Pack hennischher. Do soßen se dann eng zesamme jekouet an de Wengetsmoue. Vüe Angks on Kält bebend mooten se dann en de Dämmerung met Entsetze zosehn wie die Flut emme hühe stiech on ein Hous no em andere met sech riss. als letztes veel de Kapell. Nue de Jlock han se winnich spääde widdejefonne, die hat sech e Stöck Ahravwärtz em Jesrüpp vekeilt.

De Höüse sen noh on noh widde objebout woare, doch füe de Kapell hatt et Jeld nemmi jelank. Do han se de Jlock am ieschte Hous wat veadech woa onnisch et Vüedächelche jehange, on do hängk se höck noch on erinnert de Löck em Dall an die vehehrend Üwweschwemmung vom Summe 1804.

De Bonte Koh

Et woa em Mettelalte. Domols jing de Strohß von Deane noh Ahweile noch net durch et Dall, weil die Felse zweschen Märjendall on Walebeze steil on schroff bes aan et Wasse jinge. Su mooten die Winzere on Bouere, die von de Owweah met ihre Oaßekarre on Peadsfuhrwerke koomen, all üwwe de Hüh, üwwe de Aale Wääsch john. Et woa ene holeperije, beschwealije Wääsch, on och net unjefäalich. Denn aan de Ah housten Raubrittere on moochen de janze Jäjend onseche, on füe denne hatten se all schwer muffesause.

Eines Daachs bejow sech foljendes. E paa Raubrittere, die nöüs mie zweschen de Zänn, on och nöüs mie em Böggel hatten, loochen owwehalev von de Felse ob de Louer. Se waaten ob Handelslöck ode Winzere, die von de Owweah koome on ihr War ode ihre Zehnt noh Ahweile braaten. Die wollten se dann üwwefalle on ousplündere.

Se brouchten och janet lang ze waade, do sohchen se von weidem ene Kaufmannszoch met Pead on Waare. Vürropp e paa Bewaffnete. Äwwe met denne Spießjeselle wollten se at flöck veadesch weare. Langsam kom der Zoch nöhe. Sprongbereit hutschten se en ihrem Vesteck, joot jetarnt zwischen em Jinstejestrüpp.

Do hueten se e Jlöckelche bimmele. fromm, wie die Raubrittere woaren, kneeten se sech ihrfürchtich hin on waaten. Sie jläuvten, et köm ene Jeisleche Här üwwe de Berch, on wöll em Noopedorf enem Sterwende de letzte Ölung brenge. Jetz klong dat Bimmele nöhe. Deef veneichten se sech on kloppten sech aandächtisch met de Fouß jäänt de Broß. Die Handelslöck zochten enzweschen vebei, on woaren fruh wie se die jefäalech Stell joot henesch sech hatten. Die Raubrittere krochen meßtrouisch ous demm Jestrüpp erous, öm nozekicke wo der Jeisliche blev, weil se emme noch dat Jebimmel hueten. Do kom en bontjeschäck Koh eraan jetrott. Se hat e Jlöckelche öm de Hals on frooß friedlech füe sech hin. Do krohchen die Raubrittere dermaaße de Wut, on met Fluche on Schänne dröschten se ob die Koh en, on driwwen se üwwe de Affhang erüwwe, dat se en de Felse zebasch on erav bes en de Ah jeballisch es. Seit demm heiß der Felse, "De Bonte Koh."

Woatspillereie on Redewendunge

Dou kanns me de Naache döüe.
Dou kanns me de Puckel erop rötsche.
  (man lässt sich nicht ausnutzen)

Demm moss ech ens öantlech de Worm sääne.
Demm moss ech ens jröndlech de Marsch blose.
Demm moss ech ens jehürech de Schröm sohn.
Demm moss ech enz de Meinung jeije (geigen)
  (Dem muss ich mal die Leviten lesen)

Einem et Dier ousschreie (einen beschimpfen)

Do könns de de Jisse kreije (zuviel kriegen)

De Lappe Schwaade (groß reden)

Der määt och ous enem Fuez (Furz) en Donnerschlaach.

Der määt och ous ene Mück en Elefant.
  (Der übertreibt gern maßlos)

Der es net ob de Schnüss jefalle (Der ist sehr schlagfertig)

Die Aal hät Hoar ob de Zong. (Die Alte hat ein böses Mundwerk)

Loss Koad scheeße. (lass gehn, beeile dich)

Der kann sech em mooße Döppe duut danze
(Der kann sich mit Kleinigkeiten verzetteln)

Hät der och at widde en Äsel ob en Kess ze hewwe?
(Bittet der schon wieder um eine Gefälligkeit?)

Wenn et em Äsel ze heiß wiet, jeite ob et Eis danze.

Wer sech selfs zom Äsel mäht, demm will jede Säck oblade.

De Kläje kennt kein Nuut on de Strönze hät kein Brut.

Wemm de Schohn pass, der deit en aan.

Kütt me üwwe de Hond, kütt me och üwwe de Stätz.

Wenn der Hond net jeschesse hätt, hätte der Has jekrisch.

De Döüwel scheiß ob keine kleine Hauf.

De Döüwel kütt off ob Samtpantuffele dat me senge Peadsfooß
net seiht.

Wat nix koss, es och nix.

Wer de Musick bestillt, bezahlt se och.

Me soll net hühe pisse wie me Druck hät.

Me soll net hühe scheiße, wie einem de Aasch jewaaße es

De Jeizhals leww arm, füe reich ze sterwe.

Wenn eine stirv es dat lang keine Beweis, datte och jelev hät.

Üwwe veschotte Melech soll me nemmie schwätze, die brenk me
doch nemmie en de Kann

E Onjlöck kütt ze Pead on jeiht zo Foß.

Ein Onjlöck kütt selden allein.

Et jitt kei grüüße Leid, wie dat wat me sech selvs aandeit.

Der es och ous em Rään onnesch de Trauf jerode.

Onkrout vejeiht net, je länge et steiht, je winnije et vejeiht.

Met demm han ech noch e Höhnche ze rupfe

E blend Hohn fendt och at ens e Koan.

Ein Kräh hack der ande Kräh kein Auch ous.

Der määt e Jesiich als wenne Döüwele kotze wöll.

Wer sing Frau jean hät, lött se deheim.

Der hät deheim och nöüs ze Kamelle

Wemme jäck wiet, fängk et em Kopp aan

Et wiet nix esu heiß jejesse wie et jekoch es.

Frässere wearen net jeboare, Frässere wearen jezoore.

Me kann och en Sack zobenne ih e voll es
(Man muß sich nicht überfressen)

Kende on Jäcke sohn de Wohrheit

Wemme Kende schick, kreit me Kende widde.

Klein Kessele han jruuß Ure.
(kleine Kinder kriegen alles mit)

Inhaltsverzeichnis